Kognitive Verhaltenstherapie

Selbsthilfe für den Alltag

Wie Sie Ihre Depressionen, Angst- und Zwangsstörungen endlich überwinden. Mit der KVT in ein glückliches Leben

Manuel Berlinghof

Inhaltsverzeichnis

Kapitel 1

Einführung in die kognitive Verhaltenstherapie

Vielen Menschen ist der Begriff „kognitive Verhaltenstherapie" nicht bekannt. Dennoch kennen die meisten von uns einige der grundlegenden Prinzipien hinter dem Prozess. Aber was ist kognitive Verhaltenstherapie?

Erstens: Die kognitive Verhaltenstherapie wird der Einfachheit halber oft mit „KVT" abgekürzt. Diese Art der Therapie wurde von der kognitiven Theorie inspiriert, die bei der Erforschung psychischer Krankheiten genutzt wird. Dieser Bereich, die Psychopathologie, untersucht die Auswirkungen von psychischen Erkrankungen auf unsere Psyche und unser Verhalten.

Das kognitive Modell, auch bekannt als die kognitive Theorie, erklärt, dass Emotionen in hohem Maße unsere Handlungen auslösen oder zu ihnen führen. Das bedeutet, dass unsere spontanen Gedanken oder

Wahrnehmungen in einer bestimmten Situation unsere Emotionen und damit unser Verhalten beeinflussen. Wenn wir zum Beispiel anfangen zu denken und glauben *„Ich verdiene kein Glück"*, dann können wir uns auf solche Weise selbst sabotieren, dass wir niemals Glück erlangen.

Unsere Wahrnehmung einer Situation und auch die Wahrnehmung von uns selbst kann oft dysfunktional und sogar verzerrt werden, wenn wir aufgeregt oder gestresst sind. Wenn dies geschieht, können wir anfangen, zu denken, dass die negativen Gedanken, die uns in den Sinn kommen (auch bekannt als automatische Gedanken), richtig sind. Wenn wir gestresst sind, weil wir nicht in der Lage sind, eine Aufgabe rechtzeitig zu erledigen, können sich unsere Gedanken zu selbstnegativen Gedanken entwickeln. Schon bald können wir anfangen, zu glauben, dass diese Gedanken richtig sind und dass wir ein Versager sind.

Die kognitive Verhaltenstherapie konzentriert sich darauf, diese negativen, falschen Gedanken und Wahrnehmungen zu korrigieren. Auf diese Weise können wir Stress stark reduzieren und beginnen, ein gesünderes und glücklicheres Leben zu führen. Es ist bekannt, dass dadurch Angstzustände abnehmen, Depressionen sich verbessern, Schlaflosigkeit nachlässt und viele andere Symptome sich entweder verbessern oder ganz verschwinden.

Kurz gesagt, mit kognitiver Verhaltenstherapie können wir lernen, diejenigen unserer Wahrnehmungen zu erkennen, die verzerrt sind. Diese Wahrnehmungen können sich auf uns selbst, andere Menschen oder sogar auf die Welt, in der wir leben, beziehen. Die verzerrten Wahrnehmungen beeinflussen unsere Gedanken, Reaktionen und alle Informationen, die wir verarbeiten. Daher hilft uns das kognitive Modell, das in der KVT gelehrt wird, bei der Vermittlung unserer Reaktionen, indem wir zuerst unseren Gedankenprozess korrigieren.

Sigmund Freud glaubte, dass unser Verhalten und psychische Krankheiten größtenteils auf unsere Kindheit zurückzuführen sind. Das kognitive Modell lehrt stattdessen, dass diese Verhaltensweisen von unseren Gedanken und Wahrnehmungen herrühren. Einige dieser Wahrnehmungen können bereits in der Kindheit entstanden sein. Wenn jemand zum Beispiel gemobbt wurde, können sie auch im Erwachsenenalter entstanden sein. In jedem Fall können unsere falschen Wahrnehmungen unser Leben stark beeinflussen, ohne dass wir es merken.

Um uns zu helfen, unsere falschen Wahrnehmungen zu überwinden, verwenden Therapeuten einen Prozess, der als Sokratischer Dialog bekannt ist. Dieser Befragungsprozess hilft uns, uns selbst, unsere Gedanken und Situationen zu bewerten. So können wir lernen, herauszufinden, welche Gedanken falsch sind und einen gesünderen Denkprozess entwickeln. Aber während Therapeuten durchaus wissen, was die sokratische Methode ist, sind die meisten Menschen, die nicht Psychologie studiert haben, ratlos, wenn sie den

Begriff hören. Dabei ist dieser Befragungsprozess eigentlich ganz einfach und leicht.

Der Begriff „Sokratischer Dialog" stammt, wie Sie vielleicht schon vermutet haben, von dem berühmten griechischen Philosophen Sokrates. Als er seine Schüler unterrichtete, entwickelte Sokrates eine Fragemethode, die es den Schülern ermöglichte, eine Sache genau zu prüfen und dann die Gültigkeit und den Wahrheitsgehalt dieser Sache zu bestimmen. Auch wenn Sokrates höchstwahrscheinlich nicht geplant hat, dass seine Fragemethode später einen so tiefgreifenden Einfluss auf die Psychologie und Therapie haben würde, gibt es keinen Zweifel daran, wie effektiv diese Methode war.

Fragen wie „*Wie kann ich das anders sehen?*", „*Was hat mich dazu gebracht, das zu glauben?*", „*Warum denke ich, dass das passiert ist?*" und „*Habe ich die Perspektive der anderen Person berücksichtigt?*".

All diese Fragen, zusammen mit einer Reihe weiterer, können uns helfen, zu einer anderen und gesünderen Schlussfolgerung zu kommen.

Indem wir diese sokratischen Fragestellungen im Alltag anwenden, können wir lernen, unsere negativen und falschen Gedanken zu überwinden. Wir können uns selbst und unsere Unsicherheiten besser analysieren. Stellen Sie sich zum Beispiel vor, Sie sind bei der Arbeit und konnten eine Deadline nicht einhalten. Daraufhin hat sich Ihr Chef aufgeregt, was Sie zu der Annahme verleitet hat, dass Sie schlecht in Ihrem Job sind.

Als Erstes sollten Sie sich fragen, warum Sie sich so fühlen. Der Grund könnte entweder sein, dass Sie Ihre Deadline nicht eingehalten haben oder dass Ihr Chef verärgert war. Nachdem Sie festgestellt haben, warum Sie sich auf eine bestimmte Art und Weise fühlen, müssen Sie hinterfragen, ob es echte Beweise für diese Gedanken gibt oder nicht. Höchstwahrscheinlich nicht.

Nachdem Sie zu der Erkenntnis gekommen sind, dass Sie nicht schlecht in Ihrem Job sind, können Sie sich fragen, was Sie zu diesem ursprünglichen Eindruck geführt hat. Was hat Ihre Perspektive beeinflusst? Sobald Sie verstehen, was Ihre Perspektive beeinflusst hat, können Sie sich damit auseinandersetzen und eine neue, gesündere und genauere Wahrnehmung schaffen.

Vielleicht regt sich Ihr Chef nicht über Sie auf, weil Sie schlecht in Ihrem Job sind, sondern weil er selbst gestresst ist. Er hat vielleicht einen schlechten Tag wegen beruflicher oder anderer Umstände in seinem Leben.

Der Grund für Ihre Gefühle könnte auch sein, dass Sie Ihren Termin nicht eingehalten haben. Es gibt verschiedene Auslöser, die dies verursacht haben könnten, und das Identifizieren des Grundes kann helfen. Wenn Sie feststellen, dass der Grund darin lag, dass Sie an einem Projekt gearbeitet haben, mit dem Sie nicht genügend Erfahrung hatten, dann können Sie es als

Lernerfahrung betrachten. Wenn Sie nicht genug Hilfe hatten oder Ihr Chef Ihnen nicht genug Zeit für das Projekt gegeben hat, dann war das nicht Ihre Schuld.

Wenn unsere Wahrnehmungen berechtigt sind, dann kann ein Therapeut uns helfen, sie auf eine gesunde und nicht destruktive Weise zu bewerten. Er kann uns helfen, alle Probleme zu lösen und zu lernen, uns selbst und unsere Schwierigkeiten zu akzeptieren.

Die Gedanken, die uns in den Sinn kommen, passieren automatisch und können einen großen Einfluss darauf haben, wie wir uns fühlen. Aber indem wir diesen Frageprozess durchlaufen, gelingt es uns, die Situation, unsere Perspektiven und unsere Gefühle zu analysieren. Dadurch können wir unsere eigenen Unsicherheiten überwinden, auf Situationen gesünder reagieren und ein glücklicheres Leben führen.

Der Zusammenhang zwischen unseren Situationen und unseren Gedanken

Marie war ratlos. In letzter Zeit hatte sie Schlafstörungen – sie konnte erst stundenlang nicht einschlafen, nur um schließlich wieder von Albträumen geweckt zu werden. Tagsüber fühlte sie sich lustlos. Obwohl sie mehr tun wollte, als nur herumzusitzen, konnte sie sich nicht dazu durchringen, Energie in irgendetwas zu stecken. Sie hatte sogar das Interesse am Essen verloren und hielt keinen Kontakt mehr zu Freunden.

Aus Sorge um Marie hatte ihre ältere Schwester Angela sie nach einem Monat des Drängens endlich davon überzeugen können, einen Psychologen aufzusuchen. Obwohl Marie auf einer gewissen Ebene wusste, dass nichts falsch daran war, einen Psychologen aufzusuchen, war sie auch nervös. Sie fand es schwierig, über ihre Gefühle zu sprechen, und der Gedanke, sie einem Fremden zu erzählen, machte ihr Angst. Nicht nur das, sie wollte auch nicht als „verrückt" stigmatisiert werden. Sie wusste, dass Menschen mit psychischen Erkrankungen nur allzu oft schlecht behandelt werden. Doch sie wollte nicht, dass sich ihre Schwester Angela Sorgen machte, also hatte sie schließlich nachgegeben und zugestimmt, zu dem Termin zu gehen.

Als sie kurz vor dem Termin stand, fühlte sich Marie weiterhin nervös, also ließ sie sich von Angela begleiten. Sie wollte es einfach hinter sich bringen und wieder nach Hause gehen.

Der Arzt bemerkte, dass, während Angela in einem hübschen Kleid erschien und ihr Haar gestylt hatte, Marie dagegen in Leggins und eine zerknitterte Tunika gekleidet war und ihr Haar aussah, als wäre es seit ein paar Tagen nicht mehr gewaschen worden.

Nachdem er eine Weile mit Marie gesprochen hatte, begann der Arzt, der Ursache für ihre Beschwerden auf den Grund zu gehen. Da innerhalb des letzten Jahres ein enger Freund und zwei Haustiere an einer

Krankheit gestorben waren, hatte Marie das Gefühl, dass ihr jeder, der ihr etwas bedeutete, weggenommen wurde. Sie befürchtete, dass jeder, den sie liebte, jeden Moment sterben könnte. Wenn sie jemanden nicht erreichen konnte, befürchtete sie, dass er gestorben war. Nicht nur das, sie fühlte sich auch schuldig. Sie fragte sich, ob sie irgendwie mehr hätte tun müssen, um ihren Haustieren zu helfen, die an bakteriellen Infektionen und Krebs gestorben waren. Sie fühlte sich schuldig, weil sie noch am Leben war, während ihr Freund tot war.

Während des Termins konnte sie die Tränen nicht zurückhalten, aber ihre Schwester und der Arzt waren die ganze Zeit über für sie da. Am Ende der Sitzung ging es Marie nicht besser, aber es war ihr ein wenig Last von den Schultern genommen worden, nachdem sie ihren Schmerz laut ausgesprochen hatte. Aufgrund von Appetitlosigkeit, Müdigkeit, Schlaflosigkeit, Interessenverlust, Schuldgefühlen und einem allgemeinen Gefühl der Traurigkeit wurde bei ihr auch eine Depression diagnostiziert. Einen Namen für das zu haben, was sie erlebte, gab ihr Hoffnung, vor allem weil der Arzt sie darin bestärkte, dass man ihr helfen könne. Marie vereinbarte drei Folgetermine.

Das fünfteilige kognitive Modell für Marie lautet wie folgt:

Umgebung/Situation: der Tod eines Freundes und von Haustieren

Körperliche Reaktion: Appetitlosigkeit, Schlaflosigkeit, Müdigkeit

Stimmung: deprimiert

Verhalten/Reaktion: Schwierigkeiten bei der Bewältigung von Aufgaben, Vermeiden von Freunden und Familie

Gedanken: *„Es ist meine Schuld", „Alle werden sterben und mich zurücklassen", „Ich hätte etwas anders machen müssen", „Was ist überhaupt der Sinn des Lebens?"*

Wir werden Maries Geschichte bald näher beleuchten, aber zuerst wollen wir uns noch einige andere Menschen ansehen, die von einer kognitiven Verhaltenstherapie profitieren können.

Lydia war kürzlich befördert worden. Diese Beförderung hatte es erforderlich gemacht, dass sie aus dem Bundesland, in dem sie zuletzt gewohnt hatte, wegzog, aber sie war nun wieder näher an ihrer Familie und ihren Kindheitsfreunden. Sie hätte sich nicht mehr über diese Veränderung in ihrem Leben und ihrer Karriere freuen können! Doch nur wenige Wochen nach dem Einzug in ihre neue Wohnung zog jemand anderes nebenan ein. Diese Person hatte einen Hund. Dieser Hund war nicht einfach nur ein Hund, er war groß, rannte nebenan herum und trampelte auf dem Boden und knallte gegen die Wände. Wenn sie im Flur an ihm vorbeiging, dann zog er an der Leine und versuchte, an allem zu riechen, auch an Lydia.

Das Leben, von dem sie geträumt hatte, wurde bald zu einem Albtraum. Lydia wachte nach Albträumen schweißgebadet auf und rang nach Atem. Sie fürchtete sich davor, ihre Wohnung zu verlassen, weil sie befürchtete, entweder dem Hund des Nachbarn oder dem Hund eines anderen Menschen zu begegnen. Sie blieb zu Hause, wann immer es ihr möglich war. Eines Tages, als sie einkaufen gehen musste, hatte Lydia Herzrasen und Probleme mit der Lunge, sie schwitzte extrem und schreckte beim kleinsten Geräusch auf. Es war so beängstigend. Sie dachte, sie hätte einen Herzinfarkt. Doch nach einer langen Fahrt in die Notaufnahme stellten die Ärzte fest, dass ihr körperlich nichts fehlte. Sie wusste nicht, was sie tun sollte.

Und dann, als sie mit einem ihrer Kindheitsfreunde telefonierte, um nicht das Haus verlassen zu müssen, erwähnte dieser die kognitive Verhaltenstherapie. Lydia war bereit, alles zu versuchen. Sie wollte nicht zulassen, dass dieses Problem ihre Karriere ruiniert, oder viel schlimmer, ihr Leben.

Nachdem sie online nach Psychologen in der Gegend gesucht hatte, rief Lydia einen von ihnen an. Sie befragte den Arzt lange zur kognitiven Verhaltenstherapie, um sicherzugehen, dass er sich damit gut auskannte. Nicht nur das, sie wollte auch wissen, ob der Arzt glaubte, dass ihr diese Therapie helfen könnte. Der Arzt versicherte ihr, dass er es Lydia zumindest ein bisschen leichter machen könnte, also vereinbarte sie einen Termin.

Bei dem Termin deckte der Arzt auf, warum Lydias Angstzustände plötzlich schlimmer geworden waren. Nicht nur, dass sie eine plötzliche Lebensveränderung durchgemacht hatte und ein großer aktiver Hund nebenan wohnte, sondern im Jahr zuvor hatte sie auch eine schwierige Scheidung hinter sich gebracht. Lydia hätte die beiden Ereignisse nie miteinander in Verbindung gebracht, aber der Stress des letzten Jahres hatte sie mehr belastet, als ihr bewusst war. Sie war zwar stolz auf sich selbst wegen der Beförderung, aber sie stellte auch unrealistische Erwartungen an sich selbst und stresste sich, um gegenüber ihren Berufskollegen perfekt zu erscheinen.

All dieser Stress zusammen führte dazu, dass Lydia eine Angststörung entwickelte, die sich aufgrund eines Kindheitstraumas hauptsächlich in einer Angst vor Hunden manifestierte. Um diese Probleme anzugehen, half der Arzt Lydia, ihr fünfteiliges kognitives Modell, auch bekannt als ABC-Modell, aufzudecken:

Umgebung/Situation: Großer Hund, der nebenan wohnt, Beförderung, ein kürzlicher Umzug, eine kürzliche Scheidung und ein Kindheitstrauma gegenüber Hunden

Körperliche Reaktion: kalter Schweiß, Atembeschwerden, Herzrasen, Schreckhaftigkeit

Stimmung: ängstlich, gestresst, panisch

Verhalten/Reaktion: Vermeiden von Aufgaben, erwägt einen Umzug, kommt aber nicht aus dem Vertrag für ihre Wohnung heraus

Gedanken: *„Etwas Schreckliches wird passieren, wenn ich einen Hund sehe", „Ich habe einen Herzinfarkt", „Ich sterbe"* oder *„Was, wenn ich einen Hund sehe und zusammenbreche?"*

Wie man sieht, funktioniert das kognitive Modell sowohl bei Depressionen als auch bei Angstzuständen, aber auch bei anderen Störungen oder sogar bei psychisch gesunden Menschen. Während Menschen mit Depressionen wie Marie oft eine Verlangsamung erleben, bemerken Menschen wie Lydia, die Angst haben, oft eine Beschleunigung.

Sie sehen das bei Marie, die den ganzen Tag nichts tun wollte, ihren Appetit verlor und müde war. Lydia hingegen hatte einen rasenden Herzschlag, schwitzte vermehrt und war nervös. Während sich depressive Gedanken oft auf eine Reihe von Ereignissen in der Vergangenheit konzentrieren, konzentrieren sich ängstliche Gedanken oft auf die Gegenwart und Zukunft.

Bevor wir uns ansehen, wie Marie und Lydia durch die kognitive Verhaltenstherapie geholfen wurde, wollen wir uns die Geschichte von Sven ansehen.

Sven war nicht der Typ Mensch, der zur Therapie geht. Nicht dass an einer Therapie etwas falsch wäre, aber er wuchs in einer Familie auf, die nie über ihre Probleme sprach. Er wurde in dem Glauben erzogen, dass „echte Männer" nicht zur Therapie gehen. Aber Sven hatte diese Vorstellungen überwunden und saß trotzdem im Büro eines örtlichen Psychologen.

Warum? Nun, Sven war an dem kritischen Punkt angelangt, an dem er erkannte, dass er nicht mehr so leben konnte, wie er es in den letzten Jahren getan hatte. Sven kämpfte mit Alkoholismus und seinem Temperament. Wenn das Leben zu stressig wurde, er sich traurig oder unter Druck gesetzt fühlte oder wenn er anfing, daran zu denken, dass er sich wie ein Versager fühlte, trank er. Nur wenn er trank, fühlte er sich frei von all seinen negativen Gedanken. Er wusste, dass das Trinken die Dinge auf lange Sicht nur verschlimmerte, vor allem, wenn er unter Alkoholeinfluss Auto fuhr, aber er glaubte, es nicht aufgeben zu können.

Das Trinken kam seiner Arbeit in die Quere. Er quälte sich morgens aus dem Bett und fühlte sich kaum in der Lage zu duschen, weil er noch Kopfschmerzen von der vorherigen Nacht hatte. Dadurch befand er sich in ständiger Angst, gefeuert zu werden. Trotz seiner hervorragenden Leistungsbeurteilungen stieg diese Angst jedes Mal in ihm hoch, wenn sein Chef mit ihm sprach oder wenn das Telefon klingelte.

Genauso schlimm wie sein Alkoholkonsum war sein Temperament, das immer dann zum Vorschein kam, wenn jemand ihn auf seine Fehler hinwies oder wenn er sich entweder beleidigt oder unterlegen fühlte. Er schlug zwar nie jemanden, aber seine Worte und die Lautstärke, in der er sie hervorbrachte, richteten ziemlichen Schaden an. So kam es, dass Sven zum Psychologen ging.

Denn nachdem er zwei Jahre lang mit dem Mädchen seiner Träume zusammen gewesen war und sie seit einem Jahr bei ihm gewohnt hatte, hatte sie mit Sven Schluss gemacht. Er ließ sich von seiner Wut überwältigen und es endete damit, dass er sie anschrie und einige Dinge zu ihr sagte, die nicht verziehen oder vergessen werden konnten. Nachdem sie gegangen war, trank Sven so viel, dass er im Krankenhaus landete.

Sven wuchs in einer Familie auf, in der Perfektion über alles ging. Seine Eltern erzogen ihn mit dem Spruch: *„Wenn du es nicht richtig machen kannst, dann mach es gar nicht."* Obwohl sie ihm Liebe entgegenbrachten, hatte er immer das Gefühl, eine Enttäuschung zu sein, verglichen mit seinem Bruder, der ein Star auf dem Fußballfeld und ein Vorzeige-Schüler war. Selbst als Sven in einem Schul-Baseballspiel einen Curveball perfekt geschlagen hatte und zwei Bases stehlen konnte, fühlte er sich, als hätte er versagt, weil ein anderer Junge in seinem Team mehr Bälle geschlagen hatte als er. Selbst wenn er erfolgreich war, war es nicht gut genug, wenn er nicht auch der Beste war.

Als Sven das erste Mal vor der Psychologin saß und sie ihn fragte, was er sich von ihren Terminen erhoffte, lachte er und sagte: *„Ich möchte, dass Sie mich perfekt ma-*

chen." Die Psychologin lächelte, aber sie sagte: *„Warum versuchen wir nicht, Ihnen stattdessen zu zeigen, wie Sie lernen, mit dem glücklich zu sein, was Sie sind?"*

Sven schluckte bei diesem Gedanken, nickte aber leicht.

Nach ihrer ersten Sitzung war die Ärztin in der Lage, ein kognitives Modell von Sven zu erstellen:

Umgebung/Situation: lebenslanger Druck durch seine Eltern und sich selbst, Perfektion zu erreichen, Alkoholismus

Körperliche Reaktion: Schlafstörungen, Magenschmerzen

Stimmung: wütend, nervös, gestresst und deprimiert

Verhalten/Reaktion: Versuche, Perfektion aufrechtzuerhalten, Alkoholexzesse, Wutausbrüche

Gedanken: *„Ich bin nicht gut genug", „Ich werde gefeuert", „Es wird etwas Schreckliches passieren", „Wenn mich jemand kritisiert, dann kränkt er mich", „Zu trinken, wird mir helfen, mich besser zu fühlen"* und *„Ich bin ein Versager"*

Obwohl diese drei Fälle unterschiedlich sein mögen, weist Sven einige Gemeinsamkeiten mit Lydia und Marie auf. Svens selbstkritische Sichtweise und seine Negativität sind auf Depressionen zurückzuführen, unter denen auch Marie leidet. Und seine ständigen

Sorgen, gepaart mit seinem Bedürfnis, perfekt zu sein, sind Angstzustände, die auch Lydia erfährt.

Wie wir unsere Reaktionen beeinflussen

Als Marie zum ersten Mal begann, sich von ihren Lieben zurückzuziehen, vermutete ihre Schwester Angela, dass dies ein Teil des normalen Trauerprozesses sei. Vor allem, da Marie so viel in so kurzer Zeit verloren hatte. Aber als es Monat für Monat so weiterging, begann Angela, sich Sorgen zu machen. Wenn sie Marie darauf ansprach, bekam sie nur vage Antworten wie „Ich habe einfach keine Lust, viel zu unternehmen" und „Wozu?". Das klang nicht wie die Marie, die Angela ihr ganzes Leben lang gekannt hatte.

Aber nach einem Gespräch mit dem Psychologen konnten sie herausfinden, warum Marie sich zurückzog. Aufgrund des Verlustes ihres Freundes und ihrer geliebten Haustiere versuchte Marie, sich selbst zu schützen. Da sie das Gefühl hatte, dass jeder andere ebenfalls sterben und ihr weggenommen werden könnte, zog sie sich unbewusst zurück. Sie war sich der Gründe für ihr Verhalten also gar nicht bewusst, sie wusste nur, dass es zu schwierig war, sozial aktiv zu bleiben.

Die Sache ist die: Unsere Gedanken und unser Verhalten sind normalerweise nicht voneinander getrennt. Wenn wir auf eine bestimmte Art und Weise denken und fühlen, wirkt sich das auch auf unser Verhalten aus. Wenn wir Selbstbeherrschung anwenden, fällt unser Verhalten vielleicht nicht sehr auf, aber einige Leute werden es trotzdem bemerken.

Zum Beispiel, wenn Sie versuchen, freundlich zu einigen Verwandten zu sein, die Sie nicht gerne um sich haben. Sie könnten überaus nett und charmant sein, aber es würde sich wahrscheinlich auf dezente, subtile Weise zeigen, dass Sie sich unwohl fühlen. Gelegentlich kann es durch Ihren Tonfall, Ihre Wortwahl oder Ihre Körpersprache bemerkbar machen.

Das funktioniert auch andersherum. Wenn wir glauben, dass wir in der Lage sind, etwas zu erreichen, dann ist es auch wahrscheinlicher, dass wir erfolgreich sein werden. Das bedeutet nicht, dass die Macht des Glaubens unermesslich ist. Wir müssen uns erst an die Arbeit machen, um erfolgreich zu sein.

Ein leuchtendes Beispiel dafür ist der berühmte russische Gewichtheber Wassili Alexejew. Damals, 1970, hatte es kein professioneller Gewichtheber je geschafft, 500 Pfund über den Kopf zu stemmen. Obwohl er den Weltrekord im Gewichtheben hielt, war auch Alexejew nie in der Lage gewesen, das Ziel von 500 Pfund zu erreichen. Dann, als Alexejew sich auf einen wichtigen Wettkampf vorbereitete, sagte ihm sein persönlicher Trainer, dass er ein Gewicht heben würde, mit dem er gut vertraut war.

Alexejew hob das Gewicht erfolgreich und erkannte erst im Nachhinein, dass sein Trainer ihn getäuscht hatte. Er hält nun den neuen Weltrekord für das Heben von insgesamt 500 Pfund über seinen Kopf.

Indem er ihn täuschte, war Alexejews Trainer in der Lage gewesen, ihn von der Denkweise zu befreien, die ihm sagte, er könne sein Ziel nicht erreichen. Nicht nur das, denn sobald Alexejew gelernt hatte, dass er 500 Pfund erreichen konnte, machte er damit weiter, über 560 Pfund über Kopf zu stemmen!

Dies ist ein wunderbares Beispiel dafür, wie sich unsere Überzeugungen auf unser Handeln und unsere Erfolgschancen auswirken. Denn dies ist nicht irgendeine Geschichte über die Macht des Glaubens, der die Grenzen einer Person auf unmögliche Weise außer Kraft setzt. Alexejew arbeitete lange und hart, um sein Ziel zu erreichen. Es war seine harte Arbeit in Kombination mit dem Glauben an seinen Erfolg, die ihn schließlich zu diesem Erfolg führte. Wenn diese beiden Dinge, der Glaube an harte Arbeit und der Glaube an sich selbst, zusammenarbeiten, können Sie alle Hürden überwinden.

Genauso wie Alexejews Gedanken sein Verhalten beeinflussten, haben wir alle Gedanken, die uns tagtäglich beeinflussen. Wenn Ihre Familie an einem Feiertag um ein Festmahl versammelt ist, könnte es viele mögliche Gedanken geben, die Ihr Verhalten beeinflussen. Einige dieser Gedanken sind:

- *„Es gibt nur noch zwei Plätze am Tisch. Ich möchte nicht neben meinem rassistischen Onkel Bruno sitzen, aber der andere Platz ist schwieriger zu erreichen."*
- *„Ich bin wirklich satt, ich sollte nicht mehr essen. Aber wenn ich warte, bekomme ich vielleicht nichts von meinem Lieblingswalnusskuchen ab."*
- *„Ich habe es so satt, zu hören, wie meine Tante Viktoria über mich herzieht. Aber ich will an einem Feiertag keinen Streit verursachen."*
- *„Es ist schon spät, ich sollte wirklich nach Hause gehen. Aber ich unterhalte mich so gut mit meinem Cousin Alex, dass ich nicht gehen will."*

All diese Gedanken mögen Ihnen nur für einen Moment durch den Kopf gehen. Dennoch können sie Ihr Verhalten beeinflussen, ohne dass Sie etwas davon merken. Manchmal sind Sie sich dieser automatisch vorbeiziehenden Gedanken gar nicht bewusst, wie Marie. Obwohl Marie nicht erkannte, warum sie sich von ihren Lieben zurückzog, beeinflusste dieses Denken ihr Verhalten. Diese Gedanken können uns so schnell durch den Kopf gehen, dass wir uns ihrer nicht vollständig bewusst werden. Trotzdem können wir aus Gewohnheit auf diese Gedanken reagieren.

Zuvor war Marie nicht in der Lage, zu erklären, warum sie sich von all den Menschen und Tieren, die ihr wichtig waren, zurückzog. Glücklicherweise konnte die kognitive Verhaltenstherapie Marie helfen, ihre Gedankenmuster zu erkennen und auch, auf welche Weise sie Maries Handlungen beeinflussten. Sie lernte, die Gedanken, die sie hatte, anzuerkennen, auch solche, die nur vorübergehend waren. Zum Beispiel: *„Ich werde sowieso alle verlieren, ich will nicht wieder verletzt werden", „Wozu habe ich Haustiere, wenn sie einfach sterben könnten"* und *„Ich werde keinen Spaß haben, wenn ich an dieser Aktivität teilnehme, warum sollte ich mir die Mühe machen?"*

Ebenso lernte Lydia, die Gedanken zu identifizieren, die sich auf ihr Handeln auswirkten. Sie lernte, dass Gedanken wie *„etwas Schreckliches wird passieren", „Was wäre, wenn", „Ich werde versagen"* und *„Ich bin schwach"* zu ihrer Angst beitrugen. Die Scheidung, der kürzliche Umzug, die Beförderung und das Hundetrauma aus der Kindheit trugen zu ihrer Angst bei. Aber es waren ihre Gedanken, die ihre Handlungen kontrollierten und dadurch die Angst verschlimmerten.

Sven lernte, dass er zwar für seine eigenen Handlungen wie das Trinken und die Wutausbrüche verantwortlich war, dass aber seine beunruhigenden Gedankengänge ein Ergebnis dessen waren, wie er aufgewachsen war. Indem er identifizierte, woraus diese beunruhigenden Gedankenprozesse bestanden, half ihm sein Psychologe, sie zu überwinden. Gedanken wie *„Ich bin nicht gut genug", „Ich werde gefeuert", „Es wird etwas Schreckliches passieren", „Wenn mich jemand kritisiert, dann ist das eine Beleidigung", „Das Trinken wird mir helfen, mich besser zu fühlen"* und *„Ich bin ein Versager"* standen Sven nur im Weg. Diese Gedanken waren zuvor unbewusste, flüchtige Gedanken gewesen, die er nicht einmal erkannte. Aber als er begann, nach ihnen zu handeln, entwickelten sie sich zu schlechten Gewohnheiten, denen er nur schwer widerstehen konnte. Der erste Schritt, um diese Gedanken und Handlungen aus seinem Leben zu verbannen, bestand darin, sie zu identifizieren.

Egal, ob Sie unter Angstzuständen, Depressionen, Alkoholismus, Schwierigkeiten mit der Wutbewältigung, ADHS, Kontrollproblemen oder einer Reihe anderer Probleme leiden, der Einsatz der kognitiven Verhaltenstherapie kann helfen. In der Tat kann die KVT sogar Menschen helfen, die geistig gesund sind und in ihrem Leben gut zurechtkommen. Das liegt daran, dass die Anwendung der KVT dazu beitragen kann, uns unserer Gedanken bewusster zu werden, was uns davon abhält, geistig ungesunde Denkprozesse zu entwickeln, und uns hilft, unsere Ziele zu erreichen.

Ein Beispiel dafür, wobei die kognitive Verhaltenstherapie im täglichen Leben helfen kann, ist die Gewichtsabnahme. Während wir bei der Gewichtsabnahme oft nur daran denken, was wir an Kohlenhydraten, Fett und Eiweiß essen, geht es in Wirklichkeit um mehr als das. Das wird offensichtlich, wenn man betrachtet, dass Fettleibigkeit überall grassiert und zu einem Problem der westlichen Welt geworden ist. Was wir essen, spielt zwar eine wichtige Rolle, aber unsere Gewohnheiten und unser Lebensstil sind ebenfalls ein wichtiger Faktor. Wir müssen uns neue Verhaltensweisen und Gewohnheiten aneignen, wenn wir hoffen, dass wir eine gesunde Ernährung und ein gesundes Trainingsprogramm einhalten können.

Doch das Erlernen dieser neuen Verhaltensweisen ist nicht einfach. Wenn es einfach wäre, dann wäre es nicht das Problem, das es in der modernen Gesellschaft ist. Die Anwendung der kognitiven Verhaltenstherapie hilft uns nachweislich, die Art und Weise zu ändern, wie wir auf äußere Umstände und unsere eigenen Gedanken reagieren. Die Techniken, die diese Verhaltensweisen lehren, haben viele alltägliche Anwendungen und können uns auch zu solchen Zielen führen wie dem der Gewichtsabnahme.

Mithilfe der KVT können Sie lernen, sich spezifische Ziele rund um Ihre Ernährung und Ihren Lebensstil zu setzen, wie z. B. die Entscheidung, Zucker durch Stevia-Blätterextrakt zu ersetzen. Sie werden lernen, dass diese spezifischen Ziele anstelle von allgemein gehaltenen Zielen wie *„Ich möchte mich gesünder ernähren"* Ihnen helfen werden, Ihre Diät besser durchzuhalten und motiviert zu bleiben.

Anstatt sich selbst anzuklagen, wenn Sie ein Ziel nicht erreichen, lernen Sie, auf gesunde Weise damit umzugehen. Sie können sich selbst beobachten, um Ihre Herausforderungen und Hindernisse zu erkennen und Ihr Verhalten zu ändern, damit Sie diese Hindernisse überwinden. Vielen Menschen gelingt es bei der Gewichtsabnahme nur, motiviert zu bleiben, indem sie negativ über sich selbst denken. Dies kann zu Gefühlen der Niederlage und negativen Entscheidungen führen. Indem wir lernen, uns selbst zu akzeptieren und unsere Barrieren zu überwinden, können wir körperliche Gesundheit erlangen und gleichzeitig geistig gesund bleiben.

Durch das Setzen von Zielen, ein wichtiger Aspekt der kognitiven Verhaltenstherapie, können wir unsere Erfolgschancen erhöhen. Nicht nur, weil wir Ziele nur erreichen können, wenn wir wissen, was diese Ziele sind, sondern auch, weil sie unser Selbstvertrauen stärken. Wenn wir uns kleine Ziele setzen, dann werden wir nach dem Erreichen dieser Ziele auch sehen, dass wir sie erreichen können. Das hilft, negative Gedanken wie *„Ich kann das nicht"* und *„Ich bin ein Versager" zu verdrängen.* Mit der Zeit wird dies unser Selbstvertrauen und unsere Selbstwahrnehmung stärken. Wir werden weniger zu negativen Gedankengängen neigen.

Einen gesünderen Lebensstil anzunehmen, sowohl körperlich als auch geistig, ist nicht einfach. Aber mithilfe der kognitiven Verhaltenstherapie können Sie selbstbewusster und weniger ängstlich werden und Ihre Ziele erreichen, ob es nun darum geht, Gewicht zu verlieren oder einfach darum, glücklich zu leben.

Ein Überblick über die Prinzipien der kognitiven Verhaltenstherapie

Es gibt in der KVT viele Methoden, die Sie anwenden können. Sie mögen einfach erscheinen, aber wenn Sie sie alle zusammen mit einer echten Anstrengung anwenden, dann werden Sie feststellen, dass Sie eine mächtige Veränderung in sich selbst erwirken können. Die kognitive Verhaltenstherapie wird international auf wirkungsvolle Weise eingesetzt, um Menschen zu helfen, die an verschiedenen Problemen leiden, von der posttraumatischen Belastungsstörung bis zur

Sozialphobie. Im Folgenden werden wir die wichtigsten Prinzipien der kognitiven Verhaltenstherapie erkunden. Wenn Sie diese in Ihrem Leben zur Anwendung bringen, dann wird Ihnen das mit Sicherheit Vorteile bringen.

Wirken Sie negativen Gedankenmustern entgegen

Wenn Sie sich dabei ertappen, dass Sie negative Gedanken haben, dann untersuchen Sie diese genauer, anstatt sie in Ihrem Geist schwelen zu lassen. Suchen Sie nach Beweisen gegen Ihre negativen Gedanken. Wenn Sie das Gefühl haben, wertlos zu sein, können Sie herausfinden, auf welche Weise Sie Wert und Nutzen haben, um zu beweisen, dass diese negativen Gedanken falsch sind. Schreiben Sie in einem Notizbuch die Beweise dazu auf, warum der negative Gedanke falsch ist, und dann können Sie einen ausgewogeneren Gedanken aufschreiben. Zum Beispiel: „Ich habe einen Wert, weil …"

Wenn Menschen depressiv sind, halten sie oft alle positiven Gedanken über sich selbst oder ihr Leben im Allgemeinen zurück oder dämpfen sie. Selbst wenn ein Teil von ihnen weiß, dass sie nicht wertlos sind, weigern sie sich, dies anzuerkennen. Indem man die negativen Gedanken widerlegt und sie durch positive Gedanken ersetzt, kann man beginnen, seinen gesamten Denkprozess und seine Wahrnehmung zu verändern.

Schreiben Sie Tagebuch, erstellen Sie Mindmaps und führen Sie ein Brainstorming durch

Das Schreiben eines Tagebuchs kann äußerst produktiv sein, um unsere Wahrnehmung zu verändern. Denn wenn wir die positiven Ideen aus unseren Köpfen herausholen und sie zu Papier bringen, ist es wahrscheinlicher, dass wir sie glauben und annehmen. Wenn Sie mit Hindernissen zu kämpfen haben, die Ihren Fortschritt hemmen, dann können Sie in Gedanken eine Lösung für diese Probleme entwerfen. Dazu schreiben Sie in einem Tagebuch Ihr Hindernis oder Problem in die Mitte der Seite. Wenn Sie dann über Lösungen für das Problem nachdenken, können Sie diese von der Mitte aus aufschreiben, sodass die Darstellung einem Spinnennetz ähnelt. Machen Sie sich zu diesem Zeitpunkt keine Gedanken darüber, wie plausibel die Lösungen sind. Lassen Sie Ihren Gedanken freien Lauf. Nachdem Sie mehrere Lösungen aufgeschrieben haben, können Sie analysieren, welche davon am besten geeignet sind oder ob Sie sie leicht anpassen müssen.

Analysieren Sie Ihre Gefühle und Gedanken

Wenn es Ihnen schwerfällt, Ihre Esssucht zu überwinden, dann führen Sie Experimente mit Ihren Gedanken durch und analysieren Sie die Ergebnisse. Wenn Sie negative Gedanken denken, wie z. B. *„Ich werde weniger essen, wenn ich mich selbst züchtige oder bestrafe"*, denken Sie an eine positivere Einstellung. Zum Beispiel: *„Ich* *werde weniger Junkfood essen und mir selbst verzeihen, wenn ich mich überesse.* " Sie können beide Gedankengänge aufschreiben und dann beides ausprobieren. Wenn Sie nach dem negativen Gedanken oder nach dem positiven Gedanken eine Essattacke haben, schreiben Sie die Ergebnisse auf. Wie viel haben Sie gegessen? Wenn Sie dies beantworten, können Sie objektive Daten darüber erhalten, was Ihnen dabei helfen kann, Ihre Alltagshürden zu überwinden.

Problemlösung

Psychologen helfen Süchtigen mit der kognitiven Verhaltenstherapie, indem sie neue gesunde Bewältigungsmechanismen schaffen. Sie tun dies, indem sie zunächst einschätzen, welche Probleme ihre Patienten haben, die sie zum Trinken, zum Drogenkonsum, zur Selbstverletzung oder zu anderen Verhaltensweisen verleiten. Sie können dann Strategien entwickeln, um mit diesen Problemen und Trieben umzugehen, was dem Patienten Vertrauen gibt und ihm hilft, die Kontrolle über seine Sucht zu übernehmen.

Machen Sie sich ein Bild von Ihrem Tag

Positives Denken hat einen großen Einfluss auf unseren Geisteszustand, unseren langfristigen Denkprozess und sogar auf unseren Erfolg. Jeden Morgen sollten Sie sich zuerst vorzustellen, dass Ihr Tag gut laufen wird. Selbst wenn Sie ein überwältigendes Programm vor sich haben, erinnern Sie sich daran, dass Sie es schaffen können. Stellen Sie sich vor, dass Sie alles gut hinbekommen und einen glücklichen, produktiven Tag verbringen. Sie können dies tun, während Sie im Bett liegen, während Sie sich die Zähne putzen, sich schminken oder was auch immer. Aber tun Sie es früh am Morgen als eine Ihrer ersten Aufgaben.

Lassen Sie am Abend Ihren Tag noch einmal Revue passieren. Erinnern Sie sich an alle Erfolge oder positiven Ereignisse. Wenn etwas nicht gut gelaufen ist, dann stellen Sie es sich so vor, als ob es gut gelaufen wäre. Verzeihen Sie sich eventuelle Fehler und nutzen Sie sie als Lernerfahrung. Anstatt sich vor dem Schlafengehen mit negativen Gedanken des Scheiterns zu beschäftigen, lassen Sie sich von Ihren Erfolgen und Ihrer Freude leiten.

Dies wird nicht nur die Schlaflosigkeit lindern, sondern kann Ihnen im Laufe der Zeit helfen, besser zu schlafen, weniger schlecht zu träumen, und kann sogar insgesamt eine gesündere Wahrnehmung fördern.

Denken Sie positiv

Sie werden oft hören, dass Menschen, die im beruflichen oder privaten Leben erfolgreich sind, die Vorteile des positiven Denkens anpreisen. Diese Menschen haben sich nie von dem, was andere als Versagen ansehen, aufhalten lassen. Es gibt unzählige Geschichten von Menschen, die sich am eigenen Schopf aus dem Sumpf ziehen und hart arbeiten. Sie überwinden eine Hürde nach der anderen und kommen an ihr Ziel. Ob dieses Ziel nun darin besteht, eine Sucht zu überwinden, finanziell stabil zu werden, aus den Schulden herauszukommen oder reich zu werden, positives Denken gepaart mit harter Arbeit kann Sie ans Ziel bringen.

Sicher, positives Denken allein kann nichts bewirken. Sie müssen auch die Arbeit verrichten. Aber wenn beide Faktoren zusammenwirken, können sie erstaunliche Dinge erreichen. Sie können niemals erfolgreich sein, wenn Sie sich von jedem Hindernis oder Misserfolg abhalten lassen. Vielmehr müssen Sie lernen, die Hindernisse und scheinbaren Misserfolge zu überwinden.

Suchen Sie jeden Tag nach Möglichkeiten, die Art und Weise zu ändern, wie Sie über Hindernisse denken und auf sie reagieren. Dies kann im Kleinen geschehen. Anstatt zum Beispiel zu denken *„das Wetter ist schrecklich"*, denken Sie an fünf positive Aspekte des Regens. Er bewässert das Gras, hilft den Blumen beim Wachsen, erfrischt die Luft, wäscht Schmutz und Dreck weg und außerdem haben Sie ein dichtes Dach über dem Kopf.

Stellen Sie einen Timer auf Ihrem Telefon ein, damit Sie es nicht vergessen. Üben Sie mindestens zweimal am Tag, in Bezug auf die Situation, in der Sie sich befinden, an Positives zu denken. Wenn Sie lernen, positiv über die scheinbar kleinen Dinge im Leben zu denken, wird es Ihnen leichter fallen, auch über die schwierigeren Aspekte positiv zu denken.

Planen Sie lustige Aktivitäten ein

Selbst wenn Sie extrem beschäftigt sind, planen Sie jeden Tag ein wenig Zeit für eine positive Aktivität ein, die Ihnen Spaß macht. Dies kann etwas so Einfaches sein wie zehn Minuten zu entspannen, während Sie ein paar Ihrer Lieblingssongs hören, ein Schaumbad zu nehmen, zu zeichnen oder zu lesen. Es muss nicht lange dauern, aber schon zehn Minuten, in denen Sie eine positive und angenehme Tätigkeit ausüben, können Wunder für Ihre geistige Gesundheit bewirken.

Indem Sie eine angenehme Pause einlegen, können Sie neue Energie für Körper und Geist tanken und haben etwas, auf das Sie sich freuen können. Dies kann helfen, negative Gedanken zu unterbrechen und Sie lernen dadurch, sich wieder zu entspannen und zu genießen.

Schreiben Sie eine Liste mit angenehmen, positiven und gesunden Aktivitäten, die Sie tun können. Es bleibt Ihnen überlassen, ob diese nur zehn Minuten dauern oder eine ganze Stunde in Anspruch nehmen können. Setzen Sie jeden Tag eine dieser Aktivitäten um, um einen positiven Denkprozess in Ihrem Gehirn aufzubauen und Stress abzubauen.

Enttäuschung ist normal

Wir alle werden im Leben Enttäuschungen erleben. Ob diese Enttäuschung nun darin besteht, dass der Regen dazu geführt hat, dass Ihre Pläne abgesagt wurden oder ob Sie nicht an der Hochschule Ihrer Wahl angenommen wurden, wir können bestimmen, wie diese Enttäuschung uns beeinflusst.

Lernen Sie, sich selbst zu verzeihen und ein wenig nachsichtig zu sein. Die Art und Weise, wie wir auf die Höhen und Tiefen in unserem Leben reagieren, wird unsere Freude und Zukunft prägen. Wenn wir nicht in der Lage sind, über das hinwegzukommen, was wir als Versagen wahrnehmen, dann werden wir weiterhin in einem Teufelskreis aus Negativität und Bedauern leben.

Erlauben Sie sich, die Enttäuschung zu fühlen, aber lernen Sie dann, sie zu akzeptieren und sie objektiv zu betrachten. Es ist wichtig, unterscheiden zu können, welche Enttäuschungen durch unsere eigenen Handlungen und welche durch Situationen, die außerhalb unserer Kontrolle liegen, verursacht wurden.

Wenn es etwas war, das außerhalb unserer Kontrolle lag, dann müssen wir die Negativität loslassen. Wenn die Enttäuschung ein Ergebnis Ihrer eigenen Handlungen ist, dann können Sie lernen, Ihr Verhalten zu verbessern oder zu ändern. Lernen Sie aus Ihren Fehlern, verzeihen Sie sich und blicken Sie nach vorn.

Marie, Lydia und Sven haben die Grundlagen der kognitiven Verhaltenstherapie oder KVT gelernt. Sie wissen jetzt, dass es wichtig ist, ihre vorübergehenden Gedanken wahrzunehmen. Dennoch haben sie noch viel zu lernen. Lesen Sie weiter, um zu erfahren, wie diese drei Menschen es schaffen, Fortschritte zu machen und die Kontrolle über ihr Leben zu übernehmen.

Kapitel 2

Der Einfluss der kognitiven Verhaltenstherapie auf unseren Verstand

Im vorigen Kapitel haben Sie einen Überblick über die kognitive Verhaltenstherapie erhalten. Dazu gehören Praktiken wie das Analysieren Ihrer Gefühle, positives Denken, Zeit mit Aktivitäten zu verbringen, die Ihnen Spaß machen, und weitere Aspekte. Aber um die KVT erfolgreich anzuwenden, müssen Sie mehr wissen. In diesem Kapitel werden wir tiefer in die Praktiken der KVT einsteigen und erörtern, wie Sie davon profitieren können.

Zunächst einmal ist es wichtig, zu verstehen, wie Ihr Gehirn auf die kognitive Verhaltenstherapie reagiert. Es gibt einige erstaunliche Studien zu diesem Thema. Die kognitive Verhaltenstherapie beeinflusst nicht nur Ihren Verstand und die Art und Weise, wie Sie denken, sondern sie kann sogar beeinflussen, wie Ihr Gehirn in Bezug auf seine biologische Funktion arbeitet.

Eine Gruppe von Forschern an schwedischen Universitäten, darunter die Linköping Universität, beschloss, sich zusammenzutun und die kognitive Verhaltenstherapie zu untersuchen. Die Forscher taten dies, weil wir schon lange wissen, dass das Gehirn unglaublich anpassungsfähig ist. Einige Studien haben sogar gezeigt, dass Aktivitäten wie Gaming und Jonglieren das Volumen des Gehirns beeinflussen können.

Um zu untersuchen, wie die KVT das Gehirn beeinflusst, führten die Forscher eine Studie an einer Gruppe von Menschen durch, indem sie sie online an einer kognitiven Verhaltenstherapie teilnehmen ließen. Eine der häufigsten psychischen Erkrankungen stand im Mittelpunkt dieser Studie. Diese Krankheit ist die Sozialphobie und betrifft schätzungsweise zehn Millionen Menschen in Europa.

Die Magnetresonanztomografie (MRT) wurde bei allen Teilnehmern sowohl zu Beginn als auch am Ende der KVT-Behandlung durchgeführt. Diese Studie ist erstaunlich, denn sie belegt nicht nur die geistigen Effekte der KVT, sondern untersucht sogar die biologischen Auswirkungen.

In den ersten Gehirnscans wurde festgestellt, dass Menschen mit einer Sozialphobie ein verändertes Gehirnvolumen haben und die Aktivität in einem Teil ihres Gehirns erhöht ist. Bei diesem Teil des Gehirns handelt es sich um die Amygdala, die vor allem dazu dient, Entscheidungen zu treffen, Erinnerungen zu verarbeiten und emotionale Reaktionen auszulösen. Es ist leicht vorstellbar, wie diese Veränderungen unseren geistigen Zustand beeinflussen könnten.

Es mag scheinen, als ob diese biologische Funktion außerhalb unserer Kontrolle liegt, aber diese Studie beweist das Gegenteil. Tatsächlich fand sie heraus, dass sich die Gehirne der Teilnehmer mit Sozialphobie verbesserten, nachdem sie neun Wochen lang online eine KVT absolviert hatten. Diese Menschen erlebten eine Verringerung des Gehirnvolumens und eine Abnahme der Aktivität der Amygdala. Die Patienten, deren Angststörung sich am meisten verbesserte, erlebten auch die größte Abnahme des Gehirnvolumens und der Amygdala-Aktivität.

Diese Studie beweist die Kraft der kognitiven Verhaltenstherapie. Es handelt sich nicht einfach um ein falsches positives Denken, wie manche Leute vielleicht annehmen. Vielmehr schafft die Therapie eine echte Veränderung in der Art und Weise, wie Sie die Welt wahrnehmen, Ihre Reaktionen, Ihre Stimmung und ja, sogar Ihr Gehirn.

Was ist mit Menschen wie Marie, die an einer lähmenden Depression leiden? Ich habe gute Nachrichten. Die kognitive Verhaltenstherapie hat großen Erfolg bei Menschen, die mit Depressionen leben. Die Ergebnisse sind erstaunlich. Es hat sich gezeigt, dass die KVT doppelt so effektiv ist wie Antidepressiva, wenn es darum geht, depressive Rückfälle zu verhindern.

Die Studie, die dies bewies, hoffte, die Auswirkungen der Einnahme von Antidepressiva und auch die der KVT auf Depressionen definieren zu können. Die Forscher hatten die Hypothese aufgestellt, dass beide Behandlungen bei einer Depression ähnlich wirken würden, und waren von den Ergebnissen überrascht.

Während einige Teilnehmer durch Antidepressiva behandelt wurden und andere sich der kognitiven Verhaltenstherapie unterzogen, überwachten die Forscher die Gehirne der Probanden mittels MRT-Scans.

Sie waren bald überrascht, als sie feststellten, dass Antidepressiva und eine KVT bei Menschen mit Depressionen völlig unterschiedliche Bereiche des Gehirns beeinflussen. Die Antidepressiva reduzierten die Aktivität im emotionalen Zentrum des Gehirns, dem sogenannten limbischen System. Überraschenderweise half die KVT, den Bereich des Gehirns zu beruhigen, der für unser Denken verantwortlich ist, den Kortex.

Das heißt, während Antidepressiva unsere Emotionen reduzieren, kann die KVT uns aktiv dabei helfen, diese Emotionen auf eine proaktivere und gesündere Weise zu verarbeiten. Dies erklärt, warum die KVT langfristig viel effektiver ist und weniger wahrscheinlich zu einem depressiven Rückfall führt.

Die posttraumatische Belastungsstörung, oft einfach als PTBS bezeichnet, ist eine häufige Erkrankung, unter der Menschen leiden, nachdem sie ein traumatisches Ereignis durchlebt haben. Die meisten Menschen denken, dass nur Kriegsveteranen PTBS haben. Es gibt jedoch viele andere Menschen, die jeden Tag mit diesem Zustand leben. Zum Beispiel Menschen, die sich schmerzhaften Operationen unterzogen haben, solche, die in Unfälle verwickelt waren, Menschen, die jemanden verloren haben, der ihnen nahestand, und Opfer sexueller Gewalt. Die Symptome von PTBS variieren von Person zu Person, aber einige der häufigen Symptome sind:

- Flashbacks, bei denen das traumatische Ereignis erneut durchlebt wird
- Albträume
- das Vermeiden von Ereignissen, Orten oder Gegenständen, die den Betroffenen an das traumatische Erlebnis erinnern
- Gefühle von Angespanntheit, Nervosität und Schreckhaftigkeit
- Wutausbrüche
- Schlafstörungen
- Schwierigkeiten beim Erinnern bzw. Abrufen des traumatischen Ereignisses
- Schuldgefühle, Schuldzuweisungen oder andere negative Gedanken gegenüber sich selbst
- Verlust des Interesses am täglichen Leben und an angenehmen Aktivitäten

Es gibt noch viele mehr, aber dies sind einige der häufigsten Symptome einer PTBS. Wenn Sie den Verdacht haben, dass Sie eine PTBS haben könnten, sprechen Sie bitte mit einem Psychologen oder Psychiater, der Ihnen helfen kann. Es ist immer empfehlenswert, sich Hilfe von einer ausgebildeten Fachkraft zu holen, die Ihnen einen persönlichen Betreuungs- und Behandlungsplan erstellen kann. Dieses Buch kann Sie jedoch neben Ihrer ärztlichen Behandlung auf Ihrem Weg zur Heilung unterstützen.

Eine Studie, die die Auswirkungen der kognitiven Verhaltenstherapie zeigt, wurde unter Teilnahme von 100 Kindern durchgeführt, die nach einem sexuellen Übergriff unter PTBS litten. Die Kinder besuchten eine Therapie, einige in Anwesenheit ihrer Mütter und andere nur in Gegenwart des Therapeuten. Ihr Zustand wurde in regelmäßigen Abständen überprüft, um zu sehen, wie die Kinder von dem Trauma geheilt wurden.

Die Kinder absolvierten Tests sowohl vor, während und nach den Behandlungsphasen. Nach der ersten kognitiven Verhaltenstherapie verbesserten sich die Testergebnisse der Kinder deutlich, und auch in den folgenden zwei Jahren wurden weitere Verbesserungen verzeichnet. Dies deutet darauf hin, dass die KVT eine erfolgreiche Behandlungsoption für eine langfristige Verbesserung und Unterstützung ist.

Aber um von diesen Vorteilen profitieren zu können, ist es wichtig, genau zu verstehen, wie die kognitive

Verhaltenstherapie eingesetzt wird. Diese Therapie ist ein mächtiges Werkzeug, und wenn Sie die Grundlagen verstehen und wissen, wie Sie sie anwenden, können Sie erstaunliche Erfolge erzielen.

Die kognitive Verhaltenstherapie beinhaltet zwar ein gewisses Maß an positivem Denken, aber es gehört noch mehr dazu. Wenn Sie einer Person, die depressiv, ängstlich oder gestresst ist bzw. unter einem Trauma leidet, sagen, dass sie einfach positiv denken soll, wird dies nur weiteren Stress verursachen. Das liegt daran, dass positive Gedanken allein nicht ausreichen, um eine dauerhafte Veränderung zu bewirken. Wenn die Person dies versucht und es nicht funktioniert, wird sie wahrscheinlich frustriert sein. Diese Abwärtsspirale verstärkt die negativen Gedanken weiter.

Statt sich nur auf Ihre Stimmung zu konzentrieren, ist es wichtig, sich darin zu üben, Ihre Gedanken als Werkzeug einzusetzen. Dies wird Ihnen helfen, alle Informationen, auf die Sie Zugriff haben, aus verschiedenen Blickwinkeln zu betrachten. Wenn Sie in der Lage sind, eine Situation (ob negativ oder positiv) von allen Seiten zu betrachten, dann können Sie ein neues Verständnis sowie Lösungen für Ihre Probleme entwickeln.

Ein gutes Beispiel dafür ist Lydia. Wenn sie sich einfach sagen würde: „Ich werde keine Angst haben, wenn ich den Hund des Nachbarn sehe. Mir geht es gut", wäre sie unrealistisch und nicht auf die Angst vorbereitet, mit der sie wahrscheinlich konfrontiert wird, wenn sie den Hund sieht. Sobald sie anfängt, beim Anblick des Hundes Angst zu empfinden, könnte sich Lydia aufgrund Ihres Vorsatzes wie ein Versager fühlen. Selbst eine kleine Menge an Angst wird ihr das Gefühl geben, dass es keinen Sinn hat, positiv zu denken.

Doch es wird Lydia besser gehen, wenn sie die Situation von allen Seiten betrachtet und sich dann für eine Strategie entscheidet, wie sie reagieren soll, wenn sie ängstlich wird. Sie kann dann positiv denken und auf sich und ihren Plan vertrauen, der ihr hilft, die Begegnung mit Hunden zu überstehen. Damit wird sie mehr Erfolg haben, denn wenn wir nur falsche positive Gedanken zulassen, sind wir auf schwierige Situationen nicht vorbereitet.

Ihre Gedanken zu identifizieren und dann zu analysieren, zu testen, Alternativen zu erwägen und Ihren Verstand über Ihre Stimmung zu stellen, sind wichtige Aspekte der KVT. Neben diesen Aspekten ist es auch wichtig, Verhaltensänderungen vorzunehmen, und sich generell vor Augen zu halten, dass die kognitive Verhaltenstherapie aus vielen Komponenten besteht. Genau wie bei den inneren Teilen einer Uhr kann die KVT nur dann erfolgreich sein, wenn alle Teile zusammenspielen.

Arbeiten Sie daran, Ihre Gedanken zu identifizieren und zu analysieren, positiver zu denken, sich Pläne zurechtzulegen, um Ängste zu reduzieren, und vieles mehr. Nehmen Sie aber auch Veränderungen in Ihrem Leben vor. Diese Änderungen werden von Person zu Person unterschiedlich ausfallen.

Anstatt alle Hunde zu meiden, könnte Lydia versuchen, sich an freundliche, kleine Hunde zu gewöhnen, bis sie sich wohlfühlt. Dies wird ihr helfen, ihre Angst mit der Zeit zu überwinden und zu lernen, wie sie besser mit dieser Angst umgehen kann.

Marie muss sich darum bemühen, mit Freunden zu kommunizieren und Zeit mit angenehmen Aktivitäten zu verbringen. Ihre Depression kann dazu führen, dass sie das Gefühl hat, nichts anderes zu tun als im Bett zu liegen und die Decke anzustarren. Aber um sich aus dieser Depression zu befreien, muss sie wieder ins Leben zurückkehren.

Aufgrund seines Alkoholismus sollte Sven keinen Alkohol im Haus aufbewahren und auch nicht in Bars gehen. Stattdessen muss er sich das Ziel setzen, nüchtern zu werden und regelmäßig an Treffen für Alkoholiker teilzunehmen.

Ebenso sollte jemand, der missbraucht wird, nicht einfach „glückliche Gedanken" denken und sich seinem Unterdrücker gefügiger machen. Stattdessen sollte der Fokus darauf liegen, einen sicheren Weg zu finden, der missbräuchlichen Situation zu entkommen.

Nachdem Sie nun verstanden haben, dass es bei diesem Prozess nicht nur um ein falsches und kurzlebiges positives Denken geht, ist es an der Zeit, unsere negativen Gedankenprozesse anzusprechen. Diese Gedanken kontrollieren unsere Handlungen in vielerlei Hinsicht. Vielleicht waren Sie zu ängstlich, um die Karriere Ihrer Träume zu verfolgen, weil Sie dabei versagen könnten. Vielleicht fühlen Sie sich so überwältigt, dass Sie ständig prokrastinieren. Vielleicht geben Sie auch einer Essattacke nach, weil Sie einen einzigen Keks gegessen haben und sich nun wie ein Versager fühlen, also was soll das Ganze? All diese negativen Gedanken sind schädlich. Mit der Zeit hindern sie uns nicht nur daran, unsere Ziele zu erreichen und das Leben zu führen, das wir uns wünschen, sondern sie beeinträchtigen auch zunehmend unsere psychische Gesundheit.

Das liegt daran, dass sich unsere negativen Gedanken und Umstände anhäufen. Das zeigt sich in Lydias Geschichte, denn ihr Trauma gegenüber Hunden tauchte erst wieder auf, nachdem sie eine stressige Scheidung, einen Umzug und eine Beförderung hinter sich hatte. Nachdem sich all die negativen Gedanken und Emotionen des vergangenen Jahres angesammelt hatten, war sie nicht mehr in der Lage, mit der Angst umzugehen, und diese manifestierte sich, indem sie ihr Kindheitstrauma zurückbrachte.

Diese Gedanken können auch so zusammenspielen, dass wir letztendlich negativer über uns selbst denken, wie in Svens Fall, oder glauben, dass es keinen Sinn habe, irgendetwas zu tun, wie bei Marie.

Es ist wichtig, alle Ihre negativen Gedanken zu erkennen und zu lernen, sie zu analysieren und zu prüfen und sie dann zu überwinden. Aber um das zu schaffen, müssen Sie zuerst wissen, wie Sie sie erkennen können. Es gibt zehn Haupttypen von negativen Gedanken. Viele Menschen werden die meisten, wenn nicht sogar alle von ihnen von Zeit zu Zeit erleben. Aber Menschen konzentrieren sich dabei oft auf eine oder zwei Arten von negativen Gedanken.

Dazu gehören:

1. Fokussierung auf das Negative: *„Alles geht immer schief, das Leben besteht nur aus Enttäuschungen."*
2. Negative Abstempelung von sich selbst: *„Ich bin ein schrecklicher Mensch und ein Versager. Wenn die Leute wüssten, wer ich wirklich bin, würden sie mich verlassen."*
3. Perfektionismus: *„Ich muss alles perfekt machen, sonst bin ich ein Versager. Ich kann niemanden etwas von mir zeigen, wenn es nicht perfekt ist."*
4. Ständiger Bedarf an Anerkennung: *„Ich muss dafür sorgen, dass mich alle mögen. Nur so kann ich glücklich sein."*
5. Worst-Case-Szenario: *„Alles wird in einer Katastrophe enden. Es kann nicht gut gehen. Ich bin dem Untergang geweiht."*

6. Ignorieren des Gegenwärtigen: „*Ich kümmere mich später um mich selbst. Im Moment habe ich eine Liste von Dingen zu erledigen.*"

7. Andere Leute sollten tun, was ich denke: „*Meine Freundin sollte nicht so viele Fotos von ihrem Freund in den sozialen Medien posten. Meine erwachsene Tochter sollte diesen Beruf nicht ausüben. Diese Fremde sollte das nicht tragen, es ist wenig schmeichelhaft.*"

8. Gedankenleser: „*Andere Menschen müssen mich hassen, sonst würden sie sich nicht so verhalten.*"

9. Leben in der Vergangenheit: „*Ich fühle mich elend. Ich werde hier liegen und darüber nachdenken, was dazu geführt hat, dass ich mich so fühle.*"

10. ‚Das Glas ist halbleer': „*Ich traue Menschen nicht, die glücklich sind. Wenn in meinem Leben jemals etwas Gutes passiert, dann wird auch alles wieder zerstört werden.*"

Die Gedanken werden von Person zu Person variieren, je nach ihrer Situation. Aber die meisten Menschen werden in mindestens eine oder zwei dieser Kategorien passen. Nachdem wir herausgefunden haben, wie wir denken, können wir beginnen, dem entgegenzuwirken. Dazu beginnen wir damit, die Täuschungen innerhalb dieser Gedankenmuster zu finden.

Führen Sie ein kleines Notizbuch mit sich oder verwenden Sie einfach ein Smartphone und notieren Sie Ihre negativen Gedanken. Dabei sollte eine Liste entstehen, die Abschnitte mit den folgenden Überschriften enthält:

- Situation
- Stimmung
- Automatische Gedanken oder Bilder
- Beweise, die meine Gedanken unterstützen
- Beweise, die meine Gedanken widerlegen
- Alternative gesunde Gedanken
- Neue Stimmung

Beim Erstellen dieser Liste sollten Sie die vier W-Fragen zu Hilfe nehmen. Das heißt, Sie antworten stets auf ‚Wer?‘, ‚Was?‘, ‚Wann?‘ und ‚Wo?‘. Sie sollten spezifisch sein, denn wenn Sie einfach angeben, dass es „den ganzen Tag über" passiert ist, dann können Sie die Ursache hinter den Gefühlen nicht gezielt angehen. Wenn Sie aber wissen, dass Sie sich morgens um 8:30 Uhr so gefühlt haben, als Sie auf dem Weg zur Arbeit waren, grenzt das die Sache stark ein.

Schreiben Sie in die Spalte „Stimmung" alle Stimmungen, die Sie zu diesem Zeitpunkt empfunden haben. Sie können sich überwältigt, deprimiert, ängstlich, traurig, verletzt, nervös, wütend usw. gefühlt haben. Wenn Sie diese Stimmungen auflisten, ist es von Vorteil, sie auf einer Skala von null bis hundert zu bewerten. So können Menschen, die Panik- oder Angstattacken erleben, den Schweregrad protokollieren.

Schreiben Sie unter ‚Automatische Gedanken oder Bilder‘ alle Gedanken, die Ihnen zu diesem Zeitpunkt durch den Kopf gingen. Nehmen wir das Beispiel von vorhin: Stellen Sie sich vor, die Gedanken, die

Ihnen auf dem Weg zur Arbeit durch den Kopf gingen und die Ihre Gefühle auslösten, waren *„Ich werde zu spät kommen"*, *„Sie werden mich feuern und dann werde ich arbeitslos sein"* und *„Ich bin wertlos"*. Wenn Ihnen diese Gedanken durch den Kopf gingen, würden Sie sie in diesem Abschnitt aufschreiben und sie dann in den folgenden Abschnitten analysieren.

Verbinden Sie nun die Gedanken in diesem Abschnitt mit der Bewertung Ihrer Gefühle im Abschnitt ‚Stimmung'. Bewerten Sie für jeden Gedanken, wie Sie sich durch ihn gefühlt haben. Hat der Gedanke, zu spät zu kommen, Sie zu 20 Prozent ängstlich gemacht? Der Gedanke, gefeuert zu werden und ohne Job zu sein, zu 80 Prozent ängstlich? Hat der Gedanke, wertlos zu sein, Sie zu 90 Prozent deprimiert? Indem Sie die mit jedem dieser Gedanken verbundenen Gefühle bewerten, können Sie lernen, schädliche Gedanken besser zu erkennen und sie zu überwinden.

Der folgende Schritt ist einer der wichtigsten in dieser Methode: das Analysieren der Beweise dafür, ob Ihre Gefühle wahr oder falsch sind. Dadurch lernen wir, zu erkennen, was Tatsache ist und nicht unserer Interpretation einer Situation entspringt. Es gibt viele Fragen, die Sie sich stellen können, um diese Gedanken zu analysieren. Bei dem Beispiel, das wir untersucht haben, könnten Sie fragen: „Weiß ich, dass ich es nicht rechtzeitig zur Arbeit schaffe?", „Ist es wahrscheinlich, dass sie jemanden feuern werden, weil er einmal zu spät kommt?", „Gebe ich mir selbst die Schuld für etwas, das außerhalb meiner Kontrolle liegt?", „Wenn ich mich nicht so fühlen würde wie jetzt, was würde ich dann über diese Situation denken?", „Gibt es irgendwelche positiven Eigenschaften an mir, die ich ignoriere?" und „Wenn mein bester Freund wüsste, wie ich mich fühle, was würde er sagen?"

Nachdem Sie die Gedanken analysiert haben, können Sie den Abschnitt ‚Alternative gesunde Gedanken' ausfüllen. Wenn Sie feststellen, dass Ihre ursprünglichen Gedanken nicht wahr sind, können Sie hier einen genaueren Gedanken eintragen. Dieser könnte lauten: „Ich bin dieses Jahr noch nie zu spät gekommen und mein Chef liebt mich, es ist unwahrscheinlich, dass er mich feuern wird. Ich weiß, dass ich nicht wertlos bin, jeder Mensch hat einen Wert und ich habe gelernt, freundlich und mitfühlend zu sein. Ich bin ein wertvoller Mensch."

Wenn Ihre Gedanken teilweise wahr waren, nehmen Sie die neuen Informationen, um eine ausgewogenere Ansicht zu formulieren. Zum Beispiel: „Mein Chef wird nicht glücklich sein, aber ich bezweifle, dass ich gleich meinen Job verlieren werde. Ich habe heute Morgen vielleicht meinen Wecker überhört, aber das negiert nicht meinen inneren Wert als Mensch. Ich kann Maßnahmen ergreifen, um in Zukunft pünktlich aufzuwachen."

Nachdem Sie Ihre Gedanken analysiert und neue, gesündere und ausgewogenere Gedanken kreiert haben, können Sie bewerten, wie Sie sich mit den neuen Gedanken fühlen, und zwar wieder auf einer Skala von null bis hundert, wie Sie es mit den ursprünglichen Gedanken getan haben.

Zwar wird sich diese Liste von Moment zu Moment und für jede einzelne Person – je nachdem, welche Situationen sie gerade durchlebt –, unterscheiden, doch lassen Sie uns einmal betrachten, wie es aussehen könnte, wenn Marie und Sven diese Liste ausfüllen würden:

Marie:

- **Situation:**
  Bin nicht ans Telefon gegangen, als ein Freund mittags anrief

- **Stimmung:**
  90 Prozent deprimiert, 30 Prozent ängstlich, 50 Prozent wertlos

- **Automatische Gedanken oder Bilder:**
  „Ich kann Menschen nicht nahestehen. Wenn ich das tue, sterben sie und ich verliere sie", „Ich bringe anderen Menschen Unglück", „Warum bin ich überhaupt am Leben?"

- **Beweise, die meine Gedanken unterstützen:**
  Viele meiner Lieben sterben

- **Beweise, die meine Gedanken widerlegen:**
  Der Tod ist ein Teil des Lebens

Meine Freunde und Haustiere waren krank
Ich habe mich so gut wie möglich um sie ge-
kümmert, als sie noch am Leben waren
Ihr Tod lag nicht in meiner Hand
Menschen bringen kein Pech oder Glück
Jeder ist zu einem bestimmten Zweck am Leben
Meine Freunde sorgen sich um mich und wol-
len mich um sich haben

- **Alternative gesunde Gedanken:**
  „Ich bin traurig, dass sie gestorben sind, aber es war nicht meine Schuld und ich kann mich dafür nicht verantwortlich machen. Meine Freunde sorgen sich um mich und wenn ich nicht da wäre, wären sie traurig."

- **Neue Stimmung:**
  40 Prozent deprimiert, 20 Prozent traurig, 20 Prozent hoffnungsvoll

Wie Sie sehen können, fühlt sich Marie zwar nicht plötzlich besser, aber sie verarbeitet ihre Gefühle. Ihre Gedanken und ihre Stimmung sind jetzt stabiler und sie wird daran erinnert, warum sie am Leben ist.

Schauen wir uns nun Sven an:

- **Situation:**
  Seine Ex-Freundin kam um 18:00 Uhr vorbei, um einen Karton mit ihren Sachen abzuholen

- **Stimmung:**
  80 Prozent wütend, 50 Prozent traurig

- **Automatische Gedanken oder Bilder:**
  „Warum musste sie heute Abend vorbeikommen, wo ich schon einen schlechten Tag hatte? Sie hätte wissen müssen, dass es zu früh war, sich zu sehen, jetzt vermisse ich sie noch mehr. Das ist ihre Schuld. Wenn sie mir nur verziehen hätte. Ich will einen Drink."

- **Beweise, die meine Gedanken unterstützen:**
  Ich habe mich entschuldigt, sie hätte mir verzeihen können

- **Beweise, die meine Gedanken widerlegen:**
  Sie brauchte ihre Sachen und hatte ein Recht darauf, sie zu holen
  Selbst nach der Trennung war sie nett und fragte, wie es mir geht
  Die Trennung ist nicht ihre Schuld. Sie ist trotz meines Trinkens und meiner Wut zwei Jahre lang bei mir geblieben
  Sie muss mir nicht verzeihen, und selbst wenn sie es getan hat, bedeutet das nicht, dass sie bei mir bleiben muss

- **Alternative gesunde Gedanken:**
  „Ich bin traurig, dass wir uns getrennt haben, aber ich hoffe, dass sie jetzt ein glückliches Leben führt. Jetzt, wo ich Single bin, kann ich mich darauf konzentrieren, mein eigenes Leben zu verbessern, nüchtern zu werden und mein Temperament unter Kontrolle zu bringen. Das ist auf lange Sicht für uns beide besser. Ein Drink wird mir nicht helfen und ich möchte nüchtern bleiben."

- **Neue Stimmung:**
  15 Prozent traurig, 20 Prozent ermutigt,
  50 Prozent motiviert

Obwohl Sven den Prozess mit Wut begann, gelang
es ihm, diese Wut zu zügeln, als er seine Gefühle ver-
arbeitete, egal ob sie wahr oder falsch waren, und ein
gesünderes alternatives Denken entwickelte. Dies
half ihm, die Trennung im Moment zu akzeptieren,
und ermutigte ihn, nüchtern zu bleiben. Er wird in
Zukunft vielleicht von Zeit zu Zeit mit seiner Wut
und der Trennung zu kämpfen haben, aber wenn
er diese Phasen weiterhin auf diese gesunde Weise
durchsteht, kann er sein Leben verbessern, lernen,
seine Wut zu kontrollieren und dem Alkohol zu widerstehen. Mit der Zeit wird die Trennung weniger
schmerzhaft.

Es ist wichtig, das Bewusstsein für den eigenen geistigen Zustand zu behalten. Versuchen Sie deshalb,
diese Liste regelmäßig auszufüllen, insbesondere immer dann, wenn Sie bemerken, dass Ihre Stimmung
schlecht ist oder Ihre Gedanken destruktiv sind.
Manchmal kann es schwer sein, damit anzufangen, weil
uns ein Bewusstsein für unsere Gedanken weitgehend
fehlt. Das kann vor allem dann der Fall sein, wenn wir
schon lange mit einer Erkrankung wie Depressionen
oder Angstzuständen leben. Wir gewöhnen uns so sehr
daran, dass es zu einem Hintergrundgeräusch wird.
Wir müssen lernen, in dieses Hintergrundrauschen hi-
neinzuhören, damit wir es von einem hochfrequenten

Rauschen in eine schöne Melodie verwandeln können. Es kann helfen, verschiedene, auf unserer Stimmung basierende Fragen zu stellen.

Verallgemeinerte Fragen sind ein guter Anfang, weil Sie sich diese stellen können, egal wie Ihre Stimmung ist. Es mag Ihnen schwerfallen, genau zu benennen, woran Sie vor einem Stimmungsumschwung gedacht haben, aber mit einiger Zeit werden Sie zum Experten darin, zu erkennen, was Ihre Stimmung beeinflusst hat und wie Sie sich im Nachhinein daran erinnern. Nach einiger Übung werden viele Menschen in der Lage sein, den Finger darauf zu legen, was sie aufgeregt hat, indem sie einfach diese beiden Fragen beantworten:

- Was war das Letzte, was mir durch den Kopf ging, bevor ich meinen Stimmungsumschwung bemerkte?
- Welche Erinnerungen oder Bilder haben sich manifestiert?

Die zweite Frage bezieht sich auf Bilder und Erinnerungen, weil viele Menschen feststellen, dass ihre stärksten Stimmungsschwankungen keine Reaktion auf einen bestimmten Gedanken sind. Vielmehr ist ihr Stimmungsumschwung eine Reaktion auf eine Erinnerung oder ein Bild, an das sie dachten. Zum Beispiel könnte sich jemand für einen Sekundenbruchteil an ein Standbild eines geliebten Menschen im Krankenhaus erinnern. Wenn in Ihrem Leben viel los ist, kann es leicht passieren, dass Sie abgelenkt werden und sich dann nicht mehr daran erinnern, was der Auslöser war, aber die negativen Emotionen bleiben. Deshalb ist es wichtig, dass Sie lernen, gezielt zu analysieren, was Sie belastet.

Nachdem Sie die allgemeinen Fragen beantwortet haben, können Sie einige spezifischere stimmungsbezogene Fragen beantworten.

Wenn Menschen ängstlich sind, denken sie oft über das Schlimmste nach, was in der nahen oder fernen Zukunft passieren könnte. Wir überschätzen, was schiefgehen könnte, während wir uns gleichzeitig selbst unterschätzen. Wenn Sie sich ängstlich, verängstigt oder nervös fühlen, dann fragen Sie sich: *„Wovor habe ich Angst?"* und *„Was ist das Schlimmste, was passieren könnte?"*

Wenn Sie sich deprimiert fühlen, ist es leicht, selbstkritisch zu sein oder sich sogar richtig zu hassen. In diesem Fall ist es leicht, nicht nur sich selbst gegenüber kritisch zu sein, sondern auch gegenüber dem Leben im Allgemeinen. Wenn Sie sich also deprimiert, traurig, entmutigt oder enttäuscht fühlen, möchte ich, dass Sie sich drei Fragen stellen: *„Was bedeutet das für mich?"*, *„Was bedeutet das für meine Zukunft?"*, und *„Was bedeutet das für das Leben?"*

Menschen fühlen sich oft schuldig oder schämen sich in Verbindung mit ihren Handlungen, auch wenn sie nichts falsch gemacht haben. Zum Beispiel können

Menschen an einem Überlebensschuld-Syndrom leiden, wenn jemand, der ihnen nahestand, gestorben ist und sie überlebt haben. Es ist nichts Falsches daran, dass sie überlebt haben, und sie hätten die andere Person nicht retten können, dennoch fühlen sie sich schuldig. Obwohl diese Gefühle natürlich auch ihre Berechtigung haben können. Wenn Sie sich mit Ihrem Geschwisterkind gestritten haben, könnten Sie sich für etwas, das Sie gesagt haben, schuldig fühlen. Wenn Sie sich so fühlen, fragen Sie sich: *„Habe ich jemanden verletzt, ein Gesetz/eine Regel gebrochen, etwas nicht getan, was ich hätte tun sollen, oder anderweitig gegen meinen moralischen Kodex verstoßen?", „Was sagt dies darüber, wie andere über mich denken?", „Was denke oder glaube ich über mich selbst?"* und *„Was würden andere Leute denken, wenn sie es wüssten?"*

Wir fühlen uns oft wütend, gereizt oder nachtragend, wenn wir das Gefühl haben, dass uns jemand auf irgendeine Weise geschadet hat. Selbst wenn die Person nicht ungerecht war oder uns gar nicht schlecht behandelt hat, fühlen wir uns oft aus Wut verärgert. Es ist wichtig, zu unterscheiden, ob diese Wut gerechtfertigt ist oder nicht. Es gibt den gerechten Zorn. Wir können zum Beispiel wütend sein, wenn wir erfahren, dass ein Kind missbraucht wird. Nicht gerechtfertigter Zorn wäre, wenn wir uns darüber ärgern, dass der Cheeseburger, den wir bestellt haben, Gewürzgurken enthält, obwohl wir darum gebeten haben, keine Gewürzgurken zu verwenden. Sicher, die Person, die den Cheeseburger zubereitet hat, hat einen Fehler gemacht, aber das ist nichts, worüber man sich aufregen sollte, wenn derjenige bereit ist, den Fehler für uns zu korrigieren. Wenn Sie sich über etwas ärgern, fragen Sie sich: *„Was bedeutet das für andere Menschen?"* und *„Was bedeutet das für die Gefühle anderer Menschen mir gegenüber?"*

Indem Sie sich diese Fragen stellen, lernen Sie, Ihre Emotionen und die Gedanken, Erinnerungen und Bilder, die sie auslösen, zu erkennen. Auch wenn das, was andere Menschen tun und sagen, unsere Emotionen beeinflussen kann, sollten Sie daran denken, dass es letztlich die Art und Weise ist, wie wir auf diese Menschen reagieren, die unseren langfristigen emotionalen Zustand beeinflusst.

Gelegentlich können Sie versuchen, sich einige der anderen Fragen anzusehen, die nicht zu Ihrer emotionalen Kategorie gehören. Wenn Sie sich z. B. ängstlich fühlen, können Sie trotzdem davon profitieren, wenn Sie sich die Fragen zur Depression stellen. Mit der Zeit entwickeln Sie vielleicht sogar einige eigene Fragen, die Ihnen helfen, herauszufinden, warum Sie sich so fühlen oder auf bestimmte Weise reagieren.

Kapitel 3

Anwendung der kognitiven Verhaltenstherapie im Alltag

Während Kinder aufwachsen, wird ihnen beigebracht, darüber nachzudenken, was sie später einmal werden möchten. Schließlich entwickeln sie Berufsziele, lernen etwas über diese Berufe und werden dazu angehalten, ein Studienfach oder eine Ausbildung zu wählen, die zu ihrem Wunschberuf passt. Wenn sie sich an einer Hochschule bewerben, verbringen diese jungen Erwachsenen viel Zeit damit, alle Vorteile der von ihnen gewählten Hochschule und des anvisierten Studienfaches, aber auch die anderer Unis und Fächer zu analysieren. Nur für den Fall, dass sie nicht an ihrer Wunschuniversität angenommen werden, werden sie dazu angehalten, sich bei mehreren zu bewerben.

All das wird getan, weil es wichtig ist, Ziele zu haben. Ohne Ziele haben wir keine Ahnung, wo wir am Ende landen oder wie wir dorthin kommen werden. Es mag in Ordnung sein, kein Ziel zu haben, wenn Sie einen Spaziergang machen. Aber wenn es um Ihr Leben geht und darum, wie Sie Ihre Jahre verbringen, sollten Sie sich Gedanken darüber machen. Wenn jemand beschließt, im Einzelhandel zu arbeiten und seine Freizeit mit Malen und Pflanzenzüchten zu verbringen, ist das in Ordnung.

Jemand anderes hat vielleicht das Ziel, ein führender Neurochirurg zu werden. Keines der beiden Ziele ist besser als das andere. Einfach nur ein Ziel zu haben, wird Ihnen helfen, sich zu motivieren und Schritte zu unternehmen, um Ihren Traum zu erreichen.

Sie haben dieses Buch aus einem bestimmten Grund in die Hand genommen, welcher war es? Vielleicht hat es Ihnen ein Freund empfohlen und Sie haben beschlossen, ihm eine Chance zu geben. Aber was in Ihrem Herzen hat Sie dazu gebracht, ihm eine Chance zu geben? In jedem von uns schlummert etwas, mit dem wir unzufrieden sind. Ist Ihre Beziehung zu Ihren Eltern angespannt? Leiden Sie unter Schlaflosigkeit? Sind Sie depressiv? Ertappen Sie sich dabei, wie Sie sich auf Alkohol oder Drogen verlassen? Fällt es Ihnen schwer, Ihr Temperament zu zügeln? Wenn Sie die Probleme identifizieren können, die Sie dazu gebracht haben, dieses Buch in die Hand zu nehmen, dann können Sie sich leichter sinnvolle Ziele setzen.

Um Ihre Ziele zu finden, versuchen Sie, ein Blatt Papier und einen Stift in die Hand zu nehmen. Beginnen Sie damit, Ziele so spezifisch wie möglich aufzuschreiben. Ziele wie „weniger Ängste haben", „besser schlafen", „meine Depression überwinden" und „tiefere Beziehungen aufbauen" sind gut.

Um großartige Ziele zu schaffen, müssen Sie allerdings spezifischer sein. Wie Sie sehen können, können die oben genannten Ziele für fast jeden funktionieren, also versuchen Sie, Ihre Ziele für Sie ganz speziell anzupassen. So könnten Sie zum Beispiel schreiben: „Kontakt mit Hunden zu haben, ohne Angstattacken zu erleiden", „die Depression zu überwinden, sodass ich mich wieder täglich glücklich fühlen kann", „Schlaflosigkeit zu reduzieren, sodass ich jede Nacht sieben Stunden Schlaf bekomme" oder „meine Beziehung zu meinen Eltern zu vertiefen, sodass ich nicht gestresst bin, wenn ich in ihrer Nähe bin und wir uns einfach unterhalten können."

Durch diese spezifischeren Ziele haben Sie zugleich eine bessere Vorstellung davon, wie Sie sie erreichen können, und können außerdem Ihre Fortschritte verfolgen.

Nachdem Sie Ihre Ziele aufgeschrieben haben, schreiben Sie die Vorteile des Erreichens und die Nachteile des Nichterreichens dieser Ziele auf. Dies wird Ihnen helfen, sich weiter zu motivieren. Es kann Ihnen auch helfen, zusätzliche Ziele einzugrenzen, die Sie vielleicht zu Ihrer Zielliste hinzufügen möchten.

Es ist wichtig, dies aufzuschreiben und Ihre Ziele nicht nur als mentale Liste im Kopf zu behalten. Es mag nicht so wirken, als ob es einen großen Unterschied machen würde, aber der Effekt des Aufschreibens Ihres Ziels ist enorm. Tatsächlich hat eine Professorin an der Dominican University in Kalifornien, Dr. Gail Matthews, dieses Thema kürzlich untersucht.

Dr. Matthews führte diese Studie an über 260 Personen durch. Diese Menschen stammten aus der ganzen Welt, aus verschiedenen sozialen Schichten und aus einer Vielzahl von Berufen. Die Ergebnisse waren verblüffend. Dr. Matthews hatte zwar die Hypothese aufgestellt, dass diejenigen, die ihre Ziele aufschrieben, eine höhere Erfolgsquote erreichen würden, doch die Ergebnisse zeigten, dass sie dies sogar auf einem bemerkenswert höheren Niveau taten. Der Akt des Aufschreibens von Zielen ist so bedeutsam, dass sich die Wahrscheinlichkeit, ein Ziel zu erreichen, um 42 Prozent erhöht, wenn man es regelmäßig aufschreibt.

Diese Statistik steigt sogar noch weiter bei Menschen, die ihre Ziele mit Freunden oder Familie teilen. Jemanden zu haben, der an Sie und Ihre Erfolgschancen glaubt, ist sehr wirksam.

Versuchen Sie, beim Erstellen von Zielen vier Aspekte zu beachten. Diese werden Ihren Zielen zu mehr Kraft verhelfen und Sie dabei unterstützen, Ihren Fortschritt zu messen, beherzt zu bleiben und schließlich zu erreichen, wovon Sie träumen.

Denken Sie über Ihr Leben und Ihre Situation nach

Wir können nur wissen, wo wir hinwollen, wenn wir zuerst wissen, wo wir uns gerade befinden. So wie ein Strauß nicht in der Lage ist, seine Umgebung und sein Ziel zu sehen, wenn er seinen Kopf im Sand vergräbt, sind wir nicht in der Lage, zu sehen, wo wir landen wollen, wenn wir unser Leben und unsere geistige Gesundheit verleugnen. Nehmen Sie sich etwas Zeit und Stift und Papier und betrachten Sie jeden Aspekt Ihres Lebens auf ehrliche Weise. Nachdem Sie verschiedene Aspekte in Betracht gezogen haben, fragen Sie sich, ob Sie mit diesen einverstanden sind. Wenn Sie mit Teilen Ihres Lebens nicht einverstanden sind, dann schreiben Sie sie auf.

Es kann sein, dass Sie sich eine Woche Zeit nehmen müssen, um sich selbst und Ihre Ziele ehrlich zu bewerten, und das ist in Ordnung. Es braucht Zeit, um wahrheitsgemäß zu betrachten, wo wir stehen. Sehen Sie dies als eine Chance für Wachstum und Verbesserung und freuen Sie sich darauf!

Definieren Sie Ihre Träume

In unserer modernen Gesellschaft sind die meisten von uns ständig in Eile. Ob wir nun Arbeit, Familie, Sportveranstaltungen, Unterricht, Kinder, Hobbys oder ein soziales Leben haben, um uns zu beschäftigen; die meisten von uns finden, dass der Tag zu wenig

Stunden hat. Aber Menschen haben auch eine erstaunliche Fähigkeit zu träumen und Ziele zu schaffen.

Überlegen Sie sich ehrlich, was diese Träume und Ziele
sind. Vielleicht müssen Sie sich die Zeit nehmen, lang-
samer zu machen, damit Sie dies erreichen. Schließlich
können Sie nicht gut über Ihre Träume nachdenken,
wenn Sie bei der Arbeit überfordert sind. Wenn Sie
sich etwas Zeit nehmen, um zu entschleunigen und zu
überlegen, wo Sie in Ihrer Zukunft, in Ihrem täglichen
Leben und mit Ihrer geistigen Gesundheit hinwollen, dann können Sie sich besser einen Plan machen.
Ein Ziel für die Zukunft wäre zum Beispiel, einen
Studienabschluss in Ihrem Wahlfach zu erlangen. Ein
tägliches Ziel kann es sein, nüchtern zu bleiben und
jeglichen Alkohol zu vermeiden. Ein Ziel für die psychische Gesundheit wäre, es zu schaffen, ans Telefon
zu gehen, ohne eine Panikattacke zu bekommen.

Erstellen Sie S.M.A.R.T.-Ziele

Ein englisches Akronym für das Erstellen starker Ziele.
S.M.A.R.T.-Ziele sind spezifisch, messbar, ausführbar,
realistisch und terminiert.

Bleiben Sie spezifisch
Bleiben Sie spezifisch, damit Sie genau wissen,
wo Sie hinwollen, und die Wahrscheinlichkeit
geringer ist, dass Sie bei den Ergebnissen
schummeln. Wenn Ihr Ziel zum Beispiel dar-

in besteht, Ihre Schlaflosigkeit mit kognitiver Verhaltenstherapie zu behandeln, ist das Ziel „besser schlafen" zu unspezifisch. Wenn Sie derzeit nur durchschnittlich vier Stunden Schlaf bekommen, dann könnten Sie fünf Stunden Schlaf als „besser" bezeichnen. Dennoch ist diese Menge an Schlaf immer noch nicht genug. Versuchen Sie, sich Ziele zu setzen, bei denen Sie konkret festlegen, was Sie erreichen wollen. Es ist wissenschaftlich erwiesen, dass der Mensch zwischen sieben und acht Stunden Schlaf braucht. Ein konkretes Ziel in Bezug auf dieses Beispiel wäre also „jede Nacht sieben Stunden Schlaf zu bekommen und jeden Tag zur gleichen Zeit aufzuwachen."

Verfolgen Sie messbare Ziele

Es ist wichtig, zu wissen, ob Sie Fortschritte in Richtung Ihrer Ziele machen oder nicht. Bei manchen Dingen, wie z. B. bei Depressionen, ist das vielleicht schwieriger zu verfolgen als im Geschäftsleben. Aber es gibt dennoch bestimmte Möglichkeiten, wie Sie Ihren Fortschritt messen können. Wenn Sie unter Depressionen leiden und nicht mehr aus dem Bett aufstehen wollen, dann ist jeder Tag, an dem Sie nicht darum kämpfen, aus dem Bett zu kommen, ein Fortschritt. Daran, wie oft sich Ihre Depressionssymptome bereits verbessert haben, erkennen Sie, wie nahe Sie Ihrem Ziel sind.

Sorgen Sie für ausführbare Ziele

Einige Leute werden – egal ob für ihr berufliches oder ihr privates Leben – Ziele erstellen, die so hoch sind, dass sie unerreichbar sind. Zum Beispiel wird das Ziel, innerhalb von fünf Jahren nach Abschluss des Studiums Millionär zu werden, wahrscheinlich nicht erreicht werden. Glücklicherweise ist es bei Zielen im Sinne der kognitiven Verhaltenstherapie viel wahrscheinlicher, dass sie erreicht werden. Sie haben Macht über Ihre Gedanken. Sie können nüchtern werden. Sie können an einen Ort gelangen, an dem Sie glücklich sind. Sie können Ihre Ängste überwinden. Ihre Schlaflosigkeit kann geheilt werden. All diese Ziele und viele weitere sind erreichbar.

Ziele wie „nie wieder eine Panikattacke haben" und „nie wieder deprimiert sein" hingegen sind Beispiele für unerreichbare Ziele. Denken Sie daran, dass eine kognitive Verhaltenstherapie Zeit und Arbeit erfordert. Sie können nicht erwarten, dass Ihre psychische Krankheit über Nacht geheilt wird.

Bleiben Sie realistisch

So, wie Sie dafür sorgen, dass Ihre Ziele erreichbar sind, sollten Sie auch dafür sorgen, dass sie realistisch sind. Sie sind zu mehr fähig, als Ihnen bewusst ist. Auch wenn es sich manchmal unmöglich anfühlt, Ihre Probleme zu überwinden, können Sie es schaffen. Viele Menschen haben in der Vergangenheit die gleichen Probleme überwunden und mit den Mitteln der KVT sind auch Sie in der Lage, sie zu überwinden. Allerdings müssen Sie auch realistisch bleiben, und das können Sie tun, indem Sie sich selbst verzeihen.

Wenn Sie sich selbst dafür bestrafen, dass Sie Angstzustände, Depressionen, Schlaflosigkeit oder andere Probleme haben, dann entfernen Sie sich nur noch weiter von Ihrem Ziel. Bleiben Sie positiv, verzeihen Sie sich selbst und blicken Sie nach vorn.

Zeit spielt eine Rolle

Sich einen Zeitrahmen zu setzen, bis wann Sie Ihr Ziel erreicht haben wollen, kann Ihnen helfen, Ihren Fortschritt zu verfolgen und zu handeln. Denn wenn wir einfach sagen „eines Tages möchte ich ein besseres Leben haben", dann ist es weniger wahrscheinlich, dass wir Fortschritte machen, um dieses „eines Tages" zu erreichen. Wenn wir jedoch sagen: „Ich möchte das Selbstvertrauen haben, innerhalb eines Jahres ans Telefon gehen zu können", können wir nicht nur unseren Fortschritt verfolgen, sondern wir können auch motiviert bleiben, die nötige Arbeit zu leisten, um unser Ziel zu erreichen.

Und schließlich sollten Sie daran denken, dass Menschen ihre Ziele eher erreichen, wenn sie sie jemandem mitteilen, der sie unterstützt. Sie wollen nicht jemandem von Ihren Zielen erzählen, der negativ und anmaßend ist und Sie wahrscheinlich nicht unterstützen wird. Dies würde Sie wahrscheinlich eher entmutigen. Suchen Sie sich stattdessen ein Familienmitglied oder einen Freund, von dem Sie wissen, dass er Sie häufig unterstützt und der Sie wahrscheinlich ermutigen, aber auch zur Verantwortung ziehen wird. Wenn Sie so jemanden nicht in Ihrem Leben haben, können Sie sich immer noch eine Gruppe von Menschen vor Ort oder online suchen. Ein Alkoholiker kann sich zum Beispiel den Anonymen Alkoholikern anschließen. Sie können sogar Gruppen über die sozialen Medien finden, z. B. auf Facebook, in denen andere Menschen ähnliche Kämpfe durchmachen. Wenn Sie in diesen Gruppen jemanden finden, mit dem Sie sich verbinden, können Sie sich gegenseitig ermutigen.

Nachdem wir die Ziele kennen, die wir durch die kognitive Verhaltenstherapie zu erreichen hoffen, ist es nun an der Zeit, mit der Lösung unserer Probleme zu beginnen. Wir können dies tun, indem wir konsequent an unseren Situationen, Stimmungen und Gedanken werkeln. Wir werden unsere psychische Gesundheit nicht verbessern, indem wir sie einfach als ein großes Projekt betrachten, das irgendwie erledigt werden muss. Stattdessen müssen wir an einzelnen Aspekten unserer Gesundheit, unserer Beziehungen und Situationen arbeiten. Indem wir diese kleineren Aspekte anpassen, gelingt es uns, am Ganzen zu arbeiten und es zu verbessern.

Wenn zum Beispiel ein Fußballspieler versucht, sein Spiel zu verbessern, sagt ihm der Trainer nicht einfach „lauf weiter", „lauf schneller" oder „greif besser an". Stattdessen gibt der Trainer den Spielern spezifische Ratschläge, wie sie ihren Gang beim Laufen verbessern können, wie sie ihre Geschwindigkeit steigern können und wie sie erfolgreicher angreifen können. Indem der Trainer den Spielern spezifische Ratschläge zu spezifischen Problemen gibt, hilft er ihnen, ihre allgemeinen Fähigkeiten zu verbessern.

Genauso würde ein Lehrer seinen Schülern nicht einfach sagen, dass sie besser lernen oder ihre Schreibfähigkeiten verbessern sollen. Stattdessen wird ein erfolgreicher Lehrer mit seinen Schülern durchgehen, was genau sie verbessern müssen. Er könnte den Schülern bessere Quellen zeigen und sie daran erinnern, dass Wikipedia nicht als Quelle zählt. Wenn ein Schüler mit Rechtschreibung oder Grammatik in seinen Aufsätzen kämpft, wird der Lehrer ihn genau darauf hinweisen, wo der Schüler Fehler macht und ihm Ratschläge geben, wie er den Text stattdessen formulieren könnte. Auf diese Weise hilft der Lehrer seinen Schülern, sich genau dort zu verbessern, wo sie es brauchen, anstatt zweideutige Ratschläge zu geben.

In ähnlicher Weise können Sie die kognitive Verhaltenstherapie nutzen, um Ihre individuellen Probleme zu lösen und sich im Ganzen zu verbessern. Sie können dies erreichen, indem Sie Ihre Emotionen und Unsicherheiten erforschen, dann die Quelle Ihrer Probleme identifizieren und schließlich Lösungen finden.

Die kognitive Verhaltenstherapie ist als äußerst nützlich und effektiv bekannt. Allerdings müssen die Teilnehmer bereit sein, sich Mühe zu geben und Zeit zu investieren, um ihre eigenen Gedanken und Verhaltensweisen zu analysieren. Dies kann schwierig sein, zumal Menschen, die mit Depressionen, Angstzuständen, Wut oder anderen emotionalen oder mentalen Problemen leben, wahrscheinlich Aspekte ihrer selbst nicht mögen. Obwohl an ihnen als Menschen nichts auszusetzen ist, könnten sie sich entmutigt fühlen, wenn sie sich selbst ehrlich betrachten. Doch, indem Sie diesen Prozess durchlaufen, können Sie mehr über Ihren inneren Zustand erfahren und darüber, wie dieser Ihr äußeres Verhalten beeinflusst.

Indem Sie lernen, Ihren falschen und negativen Überzeugungen entgegenzuwirken, können Sie sie durch positive und wahrheitsgemäße Überzeugungen ersetzen. Diese können helfen, eine ganze Reihe von Lebensbereichen zu verbessern, einschließlich Ihrer Beziehungen, Ihrer Arbeit, Ihres Schlafes und Ihrer geistigen Gesundheit.

Zum Beispiel entwickeln Menschen wie Marie, die aufgrund eines Verlustes unter Depressionen leiden, oft eine falsche Vorstellung, die besagt, dass es keinen Sinn hat, mit anderen zu kommunizieren und dass sie sich selbst schützen können, indem sie die Nähe zu anderen vermeiden. Diese Menschen entwickeln oft auch falsche Vorstellungen von ihrem eigenen Wert und ein negatives Selbstwertgefühl. Als Folge dieser Gedanken meiden diese Menschen oft soziale Situationen, beginnen, wann immer möglich, die Arbeit oder die Schule zu schwänzen, und wünschen sich kaum etwas anderes, als im Bett liegen zu können.

Wir können die KVT einsetzen, um diese Gedanken und Verhaltensweisen zu überwinden. Durch eine sogenannte Funktionsanalyse können wir ein besseres Verständnis für unsere Gefühle, Gedanken und Situationen gewinnen und dafür, wie sie sich auf unsere maladaptiven Verhaltensweisen auswirken. Das ist kein einfacher Prozess, besonders für Menschen, die sich mit Introspektion schwertun. Aber dieser Prozess, ein besseres Gefühl für uns selbst zu entwickeln und Einsicht in unser Verhalten zu gewinnen, ist wesentlich für eine Besserung und Behandlung.

Nachdem wir ein tieferes Verständnis für uns selbst, unsere Gefühle und Gedanken entwickelt haben, sind wir in der Lage, uns besser auf unser Verhalten zu konzentrieren. Da sich unsere Gefühle und Gedanken auf unser Verhalten auswirken, können wir Verhaltensgewohnheiten entwickeln, die unseren geistigen und emotionalen Zustand nur verschlimmern. Zum Beispiel wird ein Süchtiger weiterhin glauben, dass er sich durch Alkohol besser fühlt, wenn er Verhaltensgewohnheiten entwickelt, die diese falsche Behauptung unterstützen. Unsere Gefühle, Gedanken und Verhaltensweisen können zu einem Teufelskreis werden.

Zum Glück können wir mit der kognitiven Verhaltenstherapie Praktiken erlernen, die uns helfen, diese Verhaltensweisen und Gewohnheiten zu überwinden. Wir können lernen, neue Gewohnheiten, Bewältigungsmechanismen und Pläne zu entwickeln, um zu vermeiden, dass wir in unsere problematischen Verhaltensweisen zurückfallen. Durch die KVT können wir unsere Verhaltensweisen wirklich ändern und Rückfälle verhindern. Egal, ob Sie versuchen, Depressionen oder Alkoholismus zu überwinden, Sie können neue Verhaltensweisen entwickeln, die Ihnen helfen, besser damit umzugehen und ein gesundes und glückliches Leben zu führen.

Sie müssen diese Verhaltensänderung nicht über Nacht erreichen. Ihre tief verwurzelten Gedanken, Gefühle und Verhaltensweisen sind kein Lichtschalter. Sie können sie nicht einfach aus- oder einschalten. Aber durch einen Prozess der allmählichen Veränderung dieser Aspekte können Sie sich Ihrem Ziel schrittweise nähern. So könnte Lydia damit beginnen, sich Situationen mit Hunden vorzustellen.

Wenn ihr das gut gelingt und sie sich vorgenommen hat, ruhig zu bleiben und ihre Emotionen unter Kontrolle zu halten, kann sie zum nächsten Schritt übergehen. Wenn einige Familienmitglieder oder Freunde freundliche kleine Hunde haben, könnte sie versuchen, ihnen zu begegnen, während sie an der Leine oder in einem Zwinger sind. Oder sie könnte sogar auf eine Adoptionsveranstaltung mit Welpen gehen, da Welpen viel weniger beängstigend sind als ein großer, ausgewachsener Hund.

Da Lydia und andere Menschen, die die KVT nutzen, mit jedem Schritt sicherer werden, können sie den nächsten Schritt mit mehr Vertrauen angehen. Das gibt der Person die Gewissheit, dass sie nicht von heute auf morgen eine 180-Grad-Wendung vornehmen muss. Sie kann zudem ihre Fortschritte erkennen und lernt, dass sie es schaffen kann.

Um von der kognitiven Verhaltenstherapie zu profitieren, müssen Sie sie in Ihr tägliches Leben integrieren. Schließlich wird sich der Zustand von Marie, Lydia und Sven nicht verbessern, wenn sie die erlernten Techniken nur die Hälfte der Zeit anwenden – auch noch nicht bei 80 Prozent der Zeit. Es muss in Ihre täglichen Aktivitäten und Ihren geistigen Zustand integriert werden, um Fortschritte zu bewirken. Zum Glück gibt es einige einfache Möglichkeiten, wie Sie die KVT in Ihr tägliches Leben integrieren und so ihre vielen Vorteile erleben können.

Führen Sie im Laufe des Tages ein Tagebuch

Zwar haben Sie nun ein grundlegendes Verständnis für Ihre Gedanken und Emotionen, doch Sie müssen diese weiterverfolgen. Ein Tagebuch kann dabei helfen. Wenn Sie im Laufe des Tages bemerken, dass Sie negative Emotionen oder Gefühle erleben, notieren Sie Folgendes:

- Situation
- Stimmung
- Automatische Gedanken oder Bilder
- Beweise, die meine Gedanken unterstützen
- Beweise, die meine Gedanken widerlegen
- Alternative gesunde Gedanken
- Neue Stimmung

Indem Sie Ihre Situation, Gefühle, Gedanken und Verhaltensweisen in einem Tagebuch festhalten, können Sie ein breiteres Verständnis für sich selbst gewinnen. Sie denken vielleicht, dass Sie Ihre Auslöser, Gefühle und Gedanken bereits verstehen, wenn Sie sie anfangs auf die Weise erforscht haben, wie wir es zuvor beschrieben haben. Sie werden jedoch feststellen, dass sich diese Dinge im Laufe der Zeit verändern können und Sie vielleicht Gedanken und Verhaltensweisen entdecken, die Ihnen vorher nicht bewusst waren. Wenn Sie regelmäßig Tagebuch schreiben, können Sie Ihre Emotionen, Ihre Unsicherheiten und die Quellen Ihrer Probleme besser erkennen, sodass Sie anschließend Schritte zur weiteren Heilung und Verbesserung unternehmen können.

Rekonstruieren Sie Ihre Wahrnehmung

Sobald wir uns ungenauer oder falscher Vorstellungen bewusst werden, die wir über uns selbst, unser Verhalten und die Welt haben, können wir beginnen, zu lernen, warum sich diese falsche Vorstellung entwickelt hat und warum wir begonnen haben, sie zu glauben. Das bedeutet, dass wir diese falschen Vorstellungen direkt infrage stellen und sie durch die Wahrheit ersetzen können. Zum Beispiel kann eine Person, die einen Unfall erleidet und dadurch behindert wird, die falsche Vorstellung entwickeln, dass sie nur noch ein Schatten ihres früheren Selbst und jetzt weniger wert ist als vorher. Dies kann dazu führen, dass die Person Depressionen und Wut über ihre Situation entwickelt.

Aber durch die kognitive Verhaltenstherapie kann sie lernen, diese falsche Vorstellung von sich selbst direkt infrage zu stellen. Sie kann lernen, dass diese negativen, falschen Gedanken ein Ergebnis von Behindertendiskriminierung in der Gesellschaft sind und nichts mit ihr zu tun haben. Nachdem sie dies akzeptiert hat, kann sie beginnen, zu sehen, dass sie nicht nur ein Schatten ihres früheren Selbst, sondern immer noch die gleiche Person ist. Die Fähigkeiten ihres Körpers haben keinen Einfluss auf ihren Wert als menschliches Wesen.

Überdenken Sie es, um es zu überwinden

Personen, die mit Angst, Furcht und Zwangsstörungen leben, können von dieser Technik sehr profitieren. Bei dieser Methode führt der Betroffene ein Gedankenexperiment durch, bei dem er sich eine Situation vorstellt, in der er sich unwohl fühlt. Stellen Sie sich das Schlimmste vor, das passieren könnte.

Spielen Sie das Ereignis in Ihrem Kopf durch und machen Sie sich dann klar, dass selbst wenn das Schlimmste passiert, es wahrscheinlich gut ausgehen wird. Diese Methode kann auch dazu beitragen, dass Menschen erkennen, wie unwahrscheinlich das Worst-Case-Szenario ist, und selbst wenn es eintreten würde, können sie sich darauf vorbereiten, sich ihm zu stellen und damit umzugehen. Dies zu tun, nimmt der Situation ihre Bedrohlichkeit und gibt Ihnen die Kontrolle über Ihre Angst.

Expositionstherapie

Wenn es Ihnen schwerfällt, an einen bestimmten Ort zu gehen, mit Menschen zu interagieren oder sich anderen Erfahrungen auszusetzen, kann es helfen, dies zu versuchen, während Sie sich darauf konzentrieren, ruhig zu bleiben. Das heißt, wenn Lydia mit Hunden interagiert, kann sie sich an wahrheitsgemäße Gedanken erinnern und Bewältigungsmechanismen anwenden, um ruhig zu bleiben. Marie kann üben, sich ihren geliebten Menschen auszusetzen, ohne sich aufgrund ihrer Depression zurückzuziehen. Sven kann lernen, mit Menschen zu interagieren, die ihn oft wütend machen, und dabei trotzdem sein Temperament kontrollieren. Diese Art der Therapie, die mit KVT einhergeht, kann besonders hilfreich für Menschen sein, die unter Angstzuständen oder Zwangsstörungen leiden.

Es kann besonders vorteilhaft sein, während dieser Situationen ein Tagebuch zu führen, da es Ihnen helfen wird, das Verhalten, das Sie zu überwinden versuchen, zu unterlassen. Es kann Ihnen auch helfen, sich an die Wahrheit zu erinnern, anstatt an die Lügen, auf die Ihr Gehirn konditioniert ist.

Es ist wichtig, sich mit etwas zu konfrontieren, wovor wir uns fürchten oder womit wir uns unwohl fühlen, um es zu überwinden.

Progressive Muskelrelaxation

Diese Methode, auch bekannt als PMR , sollte Menschen, die Meditation oder Achtsamkeit praktizieren, vertraut sein. Bei dieser Technik übt man, eine Muskelgruppe nach der anderen zu entspannen, bis der gesamter Körper entspannt ist. Dies kann alleine, mit Audiounterstützung oder sogar mithilfe einer Smartphone-App, die Sie anleitet, durchgeführt werden. Mehrere Studien haben die Vorteile dieser Praxis demonstriert. Diese Studien haben gezeigt, dass PMR die Fähigkeit hat, geistigen und körperlichen Stress mehr zu reduzieren als andere Formen der Entspannung. Es wurde sogar festgestellt, dass es die Herzfrequenz senkt, das Stresshormon Cortisol reduziert, Angst behandelt und sogar helfen kann, die Lebensqualität von Krebspatienten zu verbessern.

Atmen Sie ein und aus

Ähnlich wie bei PMR sollten Atemtechniken Menschen vertraut sein, die sich in Achtsamkeit oder Meditation üben. Durch die Anwendung von Übungen, bei denen regelmäßig und tief geatmet wird, kann man zu einem

Gefühl der Ruhe gelangen. Dies kann es Ihnen ermöglichen, ein geistiges Gleichgewicht zu finden und Ihre Situation und Gedanken klarer, genauer und rationaler zu betrachten.

Das Amerikanische Institut für Stress erklärt sogar, dass viele Menschen sich nach einem langen und schwierigen Tag vor dem Fernseher ausruhen und dass dies in Wirklichkeit wenig zum Stressabbau beiträgt. Das Ergebnis ist eine allmähliche Anhäufung von Stress, was sich sowohl auf unsere geistige als auch körperliche Gesundheit auswirkt. Um gegen diesen täglichen Stress anzukämpfen, müssen wir die natürliche Fähigkeit unseres Körpers nutzen, in einen Zustand der Entspannung zu gelangen.

Dies ist als „Entspannungsreaktion" bekannt und führt zu einem gesenkten Blutdruck, einer verringerten Herzfrequenz, einer geringeren Muskelspannung, einer verbesserten Sauerstoffversorgung der Zellen, einem Anstieg von Glückshormonen, einer Entgiftung von schädlichen Chemikalien und Toxinen und natürlich zu einem Abbau von Stress.

Unser Stress im Leben staut sich auf, was sich auf unsere psychische Gesundheit auswirken kann. Dies betrifft vor allem Menschen mit Krankheiten wie Depressionen, Zwangsstörungen, Angstzuständen, Panikstörungen, Alkoholismus, Schlaflosigkeit und vielem mehr! Wir müssen gegen diesen Stress sowohl geistig als auch körperlich vorgehen, um diese

Probleme zu lindern. Indem Sie die tiefe Atmung nutzen, kann Ihr Körper die Entspannungsreaktion ak-
tivieren, was ihm physisch erlaubt, Stress abzubauen
und sich zu entspannen. Dieser Prozess hilft auch,
Ihren Geist zu klären, und kann Sie bei der kognitiven
Verhaltenstherapie unterstützen.

Wenn wir uns in einem gestressten oder gestörten
Geisteszustand befinden, scheint unsere Situation
schlimmer zu sein, als sie tatsächlich ist. Dies wirkt sich
auf unsere Emotionen, Gedanken und unser Verhalten
aus. Doch wenn Sie die tiefe Atmung und die anderen hier erwähnten Techniken anwenden, können Sie
geistig und körperlich einen Zustand der Ruhe finden. Dadurch können Sie die falschen Vorstellungen
in Ihrem Geist korrigieren, die Wahrheit herausfinden
und in aller Ruhe Lösungen für alle Probleme finden,
die vielleicht auftreten.

Es ist wichtig, sich daran zu erinnern, dass nicht die
Ereignisse es sind, die uns kontrollieren, sondern
die Bedeutung, die wir diesen Ereignissen beimes-
sen. Wenn wir zulassen, dass diese Ereignisse unsere
Gefühle, Gedanken und Verhaltensweisen kontrollieren, dann beginnen wir vielleicht, die falschen negativen Gedanken als Wahrheit anzusehen.

So wie Marie glaubt, dass es keinen Sinn hat, mit anderen Menschen zu interagieren, weil sie sterben könnten. Oder so wie sie auch glaubt, dass sie weniger wert
ist als andere Menschen. Diese Gedanken waren am

Anfang vielleicht noch klein, doch sie wuchsen mit der Zeit und übernahmen die Kontrolle. Dadurch werden Maries Gefühle, Gedanken und Verhaltensweisen zu einem Teufelskreis und verstärken sich immer wieder gegenseitig.

Aber wenn Marie lernt, diese Gefühle, Gedanken und Verhaltensweisen durch die kognitive Verhaltenstherapie zu kontrollieren, dann werden sie ihre Macht über sie verlieren. Vielleicht kämpft sie anfangs noch mit diesen Gedanken oder auch von Zeit zu Zeit, aber allmählich wird sie sie als falsch erkennen. Je konsequenter Marie Tagebuch führt, mit anderen Menschen interagiert, Muskelentspannung und tiefe Atmung übt und sich vorstellt, dass der Tag gut läuft, desto mehr Vertrauen wird sie in sich und die Wahrheit haben. Sie wird lernen, zu glauben, dass sie einen Wert hat und dass in Verbindungen und der Interaktion mit anderen ein Sinn besteht, auch wenn kein Lebewesen ewig leben kann. Je mehr sie sich gegen die dysfunktionalen Gedankengänge wehrt, die durch die Depression hervorgerufen werden, umso mehr kann Sie beginnen, das Leben wieder zu genießen und zu lieben.

Durch diesen Prozess können wir unsere automatischen Gedanken überwinden, die uns Lügen erzählen wie *„Ich habe völlig versagt"*, *„Ich kann das nicht"* und *„Niemand mag mich"*.

Aber auch wenn Sie nicht jemand sind, der mit einer schweren Depression, einer Angststörung oder einer

Reihe von anderen Erkrankungen lebt, können Sie immer noch von der kognitiven Verhaltenstherapie profitieren. In der Tat kann diese Art der Therapie jedem im täglichen Leben helfen. Egal, ob Sie täglich oder nur gelegentlich mit Selbstakzeptanz, einem geringen Selbstwertgefühl oder mit Aggressionen zu kämpfen haben, die KVT kann Ihnen helfen, bessere Denkprozesse, Bewältigungsmechanismen und Verhaltensweisen zu entwickeln.

Verbessern Sie Ihr Selbstwertgefühl

Wie wir über uns selbst denken, beeinflusst jeden Bereich unseres Lebens. Unser Selbstvertrauen, unsere Gefühle, unsere Gedanken und unser Verhalten können davon beeinflusst werden, was wir von uns selbst halten. Eine Person mit einem gesunden Selbstwertgefühl kann ihre Fähigkeiten und die Gefühle ihrer Mitmenschen genau einschätzen und ihre Gefühle und Gedanken entsprechend regulieren. Jemand mit geringem Selbstwertgefühl hingegen ist wahrscheinlich sehr kritisch gegenüber sich selbst, glaubt fälschlicherweise, dass die Menschen um ihn herum ihn nicht mögen, und ist weniger geneigt, positive Gelegenheiten zu nutzen. Die Wirkung der kognitiven Verhaltenstherapie auf das Selbstwertgefühl wurde jedoch ausgiebig untersucht und die KVT hat sich als die effektivste Art der Behandlung erwiesen.

Bei der Steigerung des Selbstwertgefühls kann die KVT uns helfen, die negativen und falschen

Denkgewohnheiten zu erkennen, in die wir verfallen, und sie durch positive, wahrhaftige Gedanken zu ersetzen. Indem wir unsere verzerrten Vorstellungen von uns selbst durch wahrheitsgemäße Vorstellungen ersetzen, können wir lernen, zu erkennen, dass wir einen Wert haben, dass wir kein Versager sind und dass es da draußen Menschen gibt, die uns wirklich mögen und sich um uns sorgen.

Wenn eine Person ein geringes Selbstwertgefühl hat, wird sie wahrscheinlich Aktivitäten vermeiden, bei denen sie die Befürchtung hat, dass sie versagen könnte. Das bedeutet, dass sie soziale Interaktionen, eine weiterführende Schulbildung, einen anspruchsvollen Job oder sogar ein einfaches Hobby vermeiden könnte. Dadurch wird die Person weniger lohnende Erfahrungen machen und dies kann zu Depressionen führen. Indem Sie lernen, Ihr Verhalten zu ändern und sich wieder auf diese Aktivitäten einzulassen, können Sie den Kreislauf durchbrechen und lernen, Aktivitäten voll zu genießen. Sie müssen nicht perfekt sein, damit eine Erfahrung lohnenswert, wertvoll und erfreulich ist.

Menschen mit Selbstwertproblemen haben oft wenig Durchsetzungsvermögen. Ein Training zur Steigerung der Durchsetzungsfähigkeit kann mit einer kognitiven Verhaltenstherapie kombiniert werden. Dies wird der betroffenen Person helfen, ihre Gefühle und Bitten besser kundzutun, und in diesem Prozess kann sie beginnen, statt einer Wertlosigkeit ihre eigene Bedeutung zu spüren.

Dieselben Menschen kämpfen oft damit, dass sie sich in Situationen hilflos und machtlos fühlen. Aber wenn sie Situationen durchdenken, bevor sie passieren, und Problemlösungstechniken anwenden, können sie lernen, ihre Schwierigkeiten zu überwinden. Dies kann diesen Personen die entscheidende Ermutigung und ein Gefühl von Selbstbestimmung geben. Wenn Sie einen Plan im Voraus erstellen, müssen Sie sich in dem Moment, in dem etwas passiert, nicht gestresst fühlen.

Wenn jemand aufgrund seines geringen Selbstwertgefühls Schwierigkeiten mit sozialen Fähigkeiten hat, kann er lernen, sie zu üben. Anstatt Situationen zu vermeiden, begeben Sie sich in diese in Gegenwart von Menschen, mit denen Sie sich wohlfühlen. Wenn Sie mehr soziale Fähigkeiten erlernt haben, können Sie beginnen, mit einer größeren Anzahl von Menschen zu interagieren. Dies wird Ihr Selbstvertrauen weiter stärken und Ihre Fähigkeit, mit anderen zu interagieren, verbessern.

Steigern Sie Ihre Selbstakzeptanz

Während ein Mangel an Selbstakzeptanz und ein Mangel an Selbstwertgefühl oft Hand in Hand gehen und diese beiden Phänomene ähnlich behandelt werden können, gibt es auch geringe Unterschiede. Ein fehlendes Selbstwertgefühl bedeutet oft, dass der Betroffene nicht an seine eigenen Fähigkeiten glaubt, während Probleme der Selbstakzeptanz eher bedeuten, dass derjenige damit kämpft, seine Gedanken und seinen geistigen Zustand zu akzeptieren.

Die kognitive Verhaltenstherapie hilft Patienten, ihre Gefühle nicht länger zu verleugnen, zu vermeiden oder gegen sie anzukämpfen. Sie können lernen, ihre Gefühle stattdessen zu akzeptieren und angemessene Wege zu finden, um auf sie zu reagieren. Wenn die Betroffenen beginnen, zu akzeptieren, was sie fühlen, und mit den Emotionen umzugehen, können sie dann auch im Leben vorankommen. Dies ist besonders hilfreich für Menschen, die mit einer psychischen Erkrankung leben oder die ein Trauma überwinden müssen.

Wenn Sie mit einem Psychologen zusammenarbeiten, kann er Ihnen zuhören und Ihnen helfen, zu lernen, wie Sie Ihre Emotionen auf gesunde Weise verarbeiten, sie akzeptieren und schließlich nach vorn blicken können. Dies kann Ihnen helfen, Ihre Beziehungen zu verbessern, Freude am eigenen Sein zu finden und traumatische Lebensereignisse zu überwinden. Sie können dies in gewissem Umfang auch selbst praktizieren, indem Sie ein Tagebuch zu Ihren Gefühlen führen, wie wir es Ihnen beigebracht haben. Diese Methode kann Ihnen helfen, zu unterscheiden, welche Gefühle und Gedanken wahr sind und welche nicht. Das ist äußerst wichtig, denn wenn wir unsere Emotionen unterdrücken, entwickeln wir nach und nach mehr Stress und schädliche Glaubenssätze.

Wenn Sie sich dazu verpflichten, sich selbst zu akzeptieren, dann können Sie sich allen Problemen stellen, die Sie haben. Sie können selbstbewusster werden,

Ihren Optimismus steigern, Ihre Vergangenheit überwinden und neue Verhaltensweisen schaffen, die auf Wahrheit, Akzeptanz und Ihren persönlichen Zielen beruhen.

Zähmen Sie Ihre Wut

Jeder erlebt Wut bis zu einem gewissen Grad. Manche Menschen erleben sie jedoch häufiger oder kämpfen mit regelrechten Ausbrüchen. Dies ist eines der Probleme, mit denen Sven zu kämpfen hat. Obwohl Sven im Allgemeinen sehr beliebt ist und ein reges soziales Leben genießt, hat er manchmal das Gefühl, seine Wut nicht kontrollieren zu können. Wenn er sich nicht respektiert oder sich kritisiert fühlt, dann sieht er sofort rot und explodiert förmlich. Wenn Sven wütend wird, gibt er das jedem um ihn herum zu verstehen, egal ob er zu Hause oder in einem Restaurant ist.

Mit der kognitiven Verhaltenstherapie können Sie Ihre Wut und die Gedanken und Verhaltensweisen, die damit verbunden sind, gezielt behandeln. Wenn Sie mit der KVT Fortschritte erzielen, können Sie feststellen, dass Ihre Wut allmählich abnimmt, Ihre Wutanfälle von kürzerer Dauer sind, Sie sie als milder empfinden und Sie Kontrolle über Ihre Emotionen, Gedanken und Verhaltensweisen gewinnen.

Wenn Sie damit kämpfen, Ihre Wut zu überwinden, dann können Sie deren Stärke, Häufigkeit und Dauer in Ihrem KVT-Tagebuch bewerten. Von null bis hundert, von bedeutungslos bis überwältigend – bewerten Sie, wie stark Sie Ihre Wut empfinden, wie häufig sie auftritt und wie lange sie anhält. Am Anfang müssen Sie dies vielleicht täglich notieren. Aber je weiter Sie auf Ihrem Weg kommen und je besser Sie lernen, Ihre Wut zu überwinden, desto seltener werden Sie sie schriftlich erfassen müssen.

Jeder kann wütend werden, und das aufgrund ganz unterschiedlicher Ereignisse. Während sich eine Person darüber ärgert, unterbrochen worden zu sein, wartet eine andere vielleicht geduldig, um das Gesagte fortsetzen zu können. Das liegt oft daran, dass unsere Wut auf unserer Vergangenheit beruht. Wenn wir in der Vergangenheit schlecht behandelt oder missbraucht wurden, ist es wahrscheinlicher, dass uns solche Situationen in der Zukunft in die Defensive treiben.

Das liegt daran, dass Wut oft mit dem unbewussten Glauben einhergeht, dass wir uns vor Schaden, Missbrauch oder Misshandlung schützen können, wenn wir die Person, die Handlung oder den Umstand, der uns verärgert, konfrontieren.

Um Ihre Wut und die Gründe dafür besser zu verstehen, erinnern Sie sich an einen kürzlichen Vorfall, bei dem Sie wütend waren, und schreiben Sie ihn auf. Wenn Sie sich nicht genau erinnern können, was passiert ist, protokollieren Sie Ihre Wut, wenn sie das nächste Mal auftritt. Notieren Sie zuerst die Stärke, Häufigkeit und Dauer, dann die Situation, die Stimmung, eventuelle automatische Gedanken oder Bilder, Beweise, die Ihre Gedanken unterstützen, Beweise, die Ihre Gedanken widerlegen, und schließlich alternative gesunde Gedanken und Ihre neue Stimmung nach der Auswertung.

Indem Sie dies protokollieren, können Sie lernen, was Ihnen durch den Kopf ging, als Sie wütend waren, und ein neues Verständnis für sich selbst entwickeln. Dadurch können Sie Ihre Wut besser bewältigen bzw. ausdrücken und lernen konstruktivere Wege, damit umzugehen.

Kapitel 4:

Kognitive Verhaltenstherapie in Aktion

Inzwischen wissen Sie gut, wie Sie die kognitive Verhaltenstherapie unter allgemeinen Umständen einsetzen können. Aber vielleicht möchten Sie mehr Details darüber erfahren, wie Sie den größten Nutzen finden, wenn Sie mit einer bestimmten Erkrankung leben. Denn die KVT ist keine einzelne Methode. Vielmehr ist sie eine Kombination aus vielen Techniken, die je nach der zu behandelnden Erkrankung angepasst werden können. In diesem Kapitel gehen wir darauf ein, wie Sie die KVT zur Behandlung von Panikstörungen, Schlaflosigkeit, manisch-depressiven Erkrankungen, Zwangsstörungen, Selbstverletzung, posttraumatischen Belastungsstörungen und weiteren Erkrankungen einsetzen können. Die Kombination der Tipps in diesem Kapitel mit den Grundelementen der KVT wird Ihnen helfen, das Beste aus Ihrer Behandlung herauszuholen und Linderung zu finden.

Schlaflosigkeit

Schlafmedikamente sind eine gängige Behandlung für kurzfristige Anfälle von Schlaflosigkeit. Sie können besonders für Menschen hilfreich sein, die eine Phase der Trauer oder des hohen Stresses durchmachen. Aber die Möglichkeiten für Menschen mit langfristiger, chronischer Schlaflosigkeit sind begrenzt. Es gibt zwar einige neuere Medikamente, aber diese sind bei vielen Menschen unwirksam. Sie können auch dazu führen, dass die Menschen ohne die Medikation gar nicht mehr in der Lage sind, zu schlafen.

Aber die kognitive Verhaltenstherapie ist für die Behandlung von Schlaflosigkeit zugelassen und hat sich als sehr effektiv erwiesen. Wenn Sie sich Sorgen über die Nebenwirkungen von Medikamenten machen, abhängig werden oder kein Medikament finden, das für Sie funktioniert, dann kann die KVT die Antwort sein, nach der Sie suchen.

Im Gegensatz zu verschreibungspflichtigen Medikamenten kann die KVT helfen, die Ursache der Schlaflosigkeit anzugehen, anstatt nur die Symptome zu unterdrücken. Obwohl Menschen mit besonders schwierigen Fällen von Schlaflosigkeit von einer Kombination aus Medikamenten und KVT profitieren können.

Es ist wichtig, sich daran zu erinnern, dass die kognitive Verhaltenstherapie Ihre Probleme nicht über

Nacht löst. Es handelt sich um einen Prozess, der Zeit und Mühe erfordert.

Eine professionelle kognitive Verhaltenstherapie beinhaltet regelmäßige Besuche bei einem geschulten Psychologen, der Ihren Behandlungsplan individuell anpassen kann. Dazu wird er Ihre Schlafgewohnheiten anhand eines von Ihnen geführten Tagebuchs beurteilen.

Karolin war Schwimm- und Sicherheitsausbilderin bei der Marine und entwickelte einen schweren Fall von Schlaflosigkeit, während sie sich von einer Knieoperation erholte. Die Schmerzen in ihrem Knie waren unerträglich, was dazu führte, dass sie Medikamente benötigte, die sie schläfrig machten. Aufgrund der Schläfrigkeit durch die Schmerzmittel und der ärztlichen Anweisung, im Bett zu bleiben, fiel es Karolin schwer, den ganzen Tag über wach zu bleiben, ohne in den Schlaf abzudriften. Diese Nickerchen hatten schließlich einen großen Einfluss auf ihren Schlafrhythmus.

Es dauerte nicht lange, bis Karolin feststellte, dass es fast unmöglich war, abends einzuschlafen und nachts auch durchzuschlafen. Selbst nachdem ihr Knie geheilt war und sie wieder bei der Marine arbeiten konnte, schlief Karolin immer wieder tagsüber ein. Jeden Tag, sobald sie von der Arbeit nach Hause kam, schlief sie ein. Dies führte dazu, dass sie die ganze Nacht nicht mehr richtig schlafen konnte und sich weiterhin in einem brutalen Kreislauf der Erschöpfung befand.

Nachdem sie eine Vielzahl von verschreibungspflichtigen Schlafmitteln ausprobiert hatte, stellte Karolin fest, dass keines davon ihr half – keines außer Stilnox. Mit diesem Schlafmittel fühlte sie sich bei der Arbeit endlich nicht mehr müde und schläfrig und sie konnte die Nacht durchschlafen! Trotzdem wusste Karolin, dass sie nicht für den Rest ihres Lebens dieses Medikament nehmen konnte. Das zeigte sich bald, als ihr Hausarzt ihr das Stilnox nicht mehr verschreiben wollte. Das liegt daran, dass es ein Medikament ist, das speziell für den kurzfristigen Gebrauch bestimmt ist und das nicht langfristig verschrieben werden durfte.

Karolin wurde bald an den Oberarzt der Psychiatrieabteilung ihres örtlichen Universitätsklinikums empfohlen, der auch ein Schlaflabor leitete. Obwohl sie zögerte, einen Psychiater aufzusuchen, wusste Karolin, dass sie etwas tun musste, also vereinbarte sie einen Termin.

Karolin wurde bald bewusst, dass die kognitive Verhaltenstherapie nicht einfach eine Heilung über Nacht brachte. Stattdessen stellte sie fest, dass sie in den ersten sechs Wochen der Behandlung weiterhin sehr wenig Schlaf bekam. Aber nachdem sie ein Schlaftagebuch geführt hatte, konnte der Arzt es durchsehen und Karolin helfen, ihre Schlaflosigkeit zu heilen.

Es war nicht leicht, aber Karolin lernte, dass sie keine Nickerchen mehr machen und nicht mehr früh ins Bett gehen durfte. Tatsächlich durfte sie nicht vor Mitternacht ins Bett gehen. Ohne ihre frühe abendliche Schlafenszeit und die Nickerchen fiel es Karolin unglaublich schwer, bis zu ihrer neuen Schlafenszeit wach zu bleiben. Es waren die härtesten sechs Wochen ihres Lebens. Glücklicherweise begann Karolin bald besser zu schlafen, und als sie das tat, durfte sie ihre Schlafenszeit nach vorn verschieben, sodass sie nicht mehr so spät ins Bett ging.

Indem er sich Karolins Schlaftagebuch in den folgenden Wochen ansah, war ihr Arzt in der Lage, ihre Schlafroutine weiter anzupassen, um ihre Schlaflosigkeit zu verringern. Er fand heraus, dass die Verwendung von Stimuluskontrolle wichtig war. Durch diesen Teil der KVT, angewendet auf Schlaflosigkeit, fand er heraus, dass Karolin sich nicht länger in ihrem Schlafzimmer aufhalten durfte, wenn sie nicht schlief. Das bedeutete konkret, dass Karolin, wenn sie nicht einschlafen konnte, ihr Schlafzimmer verlassen und erst zurückkommen sollte, wenn sie das Gefühl hatte, dass sie bereit zum Schlafen war.

Außerdem sollte sie eine bessere Schlafhygiene praktizieren. Damit war verbunden, dass Karolin vor dem Schlafengehen auf Stimulanzien wie Koffein, Alkohol und Tabak verzichten musste, ebenso wie auf Sport kurz vor dem Schlafengehen, und dass sie in einem kühlen und völlig dunklen Raum schlafen sollte.

Fachleute können viele Probleme finden, die der Einzelne in seiner Schlafroutine vielleicht nicht erkennt. Zum Beispiel beobachtete Karolin häufig ihre Uhr. Viele Menschen, die an Schlaflosigkeit leiden, fangen an, nachts auf die Uhr zu starren und zu beobachten, wie die Stunden vergehen. Aber das ist gefährlich, weil es zu einem Teil der Routine wird. Schlimmer noch, es führt zu Frustration und Sorgen, die bekanntermaßen die Schlaflosigkeit nur verschlimmern.

Karolin wurde von ihrem Arzt angewiesen, nach dem Zubettgehen nicht mehr auf ihre Uhr zu schauen. Daher deckte sie die Uhren in ihrem Zimmer ab, sodass sie zwar noch vom Wecker geweckt werden konnte, aber die Zeit nicht mehr sehen konnte.

Eine weitere Aufgabe, die Karolin erhielt, war, kurz vor dem Schlafengehen nicht mehr zu arbeiten. Dies weckt das Gehirn nur auf, wenn es sich eigentlich zur Vorbereitung auf die Schlafenszeit beruhigen sollte. Ihr wurde auch gesagt, dass sie es vermeiden sollte, abends fernzusehen, da dies einen ähnlichen Effekt hat. Karolin hörte auf, ihre Arbeit am Abend mit nach Hause zu nehmen. Stattdessen verbrachte sie ihre Zeit damit, sich mit einem Buch zu entspannen oder zu malen.

Nach einer sechswöchigen kognitiven Verhaltenstherapie, die auf ihre Schlaflosigkeit ausgerichtet war, stellte Karolin fest, dass sich ihr Schlaf stark verbessert hatte und weiterhin immer besser wurde. Während sie ursprünglich wöchentlich zu ihrem Psychiater gehen musste, hatte sie jetzt nur noch seltene Kontrolltermine, betreibt dabei jedoch auch stets Rückfallprävention. Damit kann Karolin sicherstellen, dass sie sich an die Taktiken der kognitiven Verhaltenstherapie hält, die ihr beigebracht wurden, und einen weiteren Anfall von Schlaflosigkeit verhindern.

Karolin gelingt dies, indem sie Schlafverlust nicht kompensiert, ihre Schlafeinschränkungsphase beginnt, wenn sie feststellt, dass sie länger als ein paar Tage an Schlaflosigkeit leidet, und indem sie stimulierende Substanzen und Aktivitäten vor dem Schlafengehen vermeidet.

Eine kognitive Verhaltenstherapie kann Ihnen auch helfen, negative Sorgen und Gedanken zu beseitigen, wegen derer Sie möglicherweise die ganze Nacht wach liegen. Dies ist eine der häufigsten Ursachen für Schlaflosigkeit. Aus diesem Grund zielt die KVT direkt auf die Ursache für Ihre Schlaflosigkeit ab. Im Folgenden finden Sie eine Auflistung und Beschreibung der häufigsten KVT-Behandlungsmöglichkeiten gegen Schlaflosigkeit.

Entspannungstraining

Die Anwendung von Meditation, Muskelrelaxation, Visualisierung und anderen Entspannungstechniken, um negative Gedanken zu beruhigen oder zu überwinden. Dies kann auch tagsüber praktiziert werden, um Ängste zu lindern, was diese natürlich auch nachts abbaut.

Reiztherapie

Es gibt viele Faktoren in unserem Leben, die dazu führen können, dass unser Geist den Schlaf meidet. Dazu kann die Zeit gehören, die wir in unserem Schlafzimmer verbringen, die Nickerchen, die wir machen, und die Zeit, zu der wir am Morgen aufstehen. So wird zum Beispiel oft empfohlen, die Aktivitäten im Schlafzimmer auf Sex und Schlaf zu beschränken. Gehen Sie ebenfalls nur ins Bett, wenn Sie müde sind, und wenn Sie nicht innerhalb von zwanzig Minuten einschlafen können, dann gehen Sie in ein anderes Zimmer, bis Sie meinen, einschlafen zu können. Versuchen Sie, jeden Tag zur gleichen Zeit aus dem Bett zu kommen und Nickerchen stark einzuschränken.

Schlafhygiene

Dieser Prozess beinhaltet die Einschränkung von Lebensstilfaktoren, die den Schlaf stören. Sie sollten Stimulanzien innerhalb weniger Stunden vor dem Zubettgehen entweder vermeiden oder ganz auf sie verzichten. Manche Menschen können ohne einen Snack vor dem Schlafengehen nicht schlafen und das ist in Ordnung. Versuchen Sie, sich vor dem Schlafengehen entspannenden Aktivitäten zu widmen, wie z. B. zu lesen, zu schreiben, beruhigende Musik zu hören, zu malen oder ein Bad zu nehmen.

Vermeiden Sie unbedingt das Arbeiten oder Fernsehen, den Computer, Sport und andere anregende Aktivitäten vor dem Schlafengehen.

Paradoxe Unaufmerksamkeit

Dieser Prozess wird auch als passives Wachsein bezeichnet. Dabei ruht man sich aus, versucht währenddessen jedoch, nicht zu schlafen. Denn wenn wir aktiv versuchen zu schlafen, werden wir ängstlich und machen uns Sorgen, was die Schlaflosigkeit nur verschlimmert. Stattdessen ist es wichtig, im Bett liegen zu können, ohne aktiv zu versuchen, zu schlafen. Machen Sie sich keine Sorgen, der Schlaf wird von alleine kommen, Sie können ihn nicht erzwingen.

Biofeedback

Biofeedback wird oft zusammen mit einem Entspannungstraining eingesetzt und ist komplexer als die anderen Methoden.

Es kann jedoch sehr erfolgreich sein. Bei dieser Methode erhält man ein Gerät, das die Gehirnwellenfrequenz, Muskelspannung und andere biologische Aspekte erfassen kann. Mit Biofeedback wird Ihnen beigebracht, wie Sie Ihre eigenen Gehirnwellen, den Blutdruck, die Muskelspannung, die Herzfrequenz und die Körpertemperatur einstellen können.

Es braucht zwar etwas Übung und Konzentration, aber manche Menschen bemerken, dass sie schon nach wenigen Sitzungen den Dreh raus haben. Mit dieser Methode können Sie direkt auf verschiedene Körperfunktionen einwirken, um Ihrem Körper zu helfen, in einen Zustand zu kommen, in dem er leichter einschlafen kann.

An der kognitiven Verhaltenstherapie gegen Schlaflosigkeit sind viele Komponenten beteiligt. Auch wenn viele Menschen nicht alle diese Komponenten nutzen, können Sie mehrere davon miteinander kombinieren, um die Kontrolle über Ihren Schlaf und Ihre Gesundheit zurückzubekommen.

Ängste

In diesem Buch haben wir häufig darüber gesprochen, wie wir unsere falschen Gedanken durch wahre Gedanken ersetzen müssen. Dies ist besonders wichtig für Menschen, die mit einer der vielen Angststörungen leben. Oft müssen Menschen mit diesen Störungen lernen, Schuldgefühle, Scham und Ärger über ihre Vergangenheit loszulassen. Sie müssen lernen, realistischer zu sein und nicht an Perfektion festzuhalten, falsche Vorstellungen über ihr Selbstwertgefühl und ihre Fähigkeiten zu überwinden, mit Prokrastination umzugehen und wenn nötig, durchsetzungsfähiger zu werden.

Dies ist besonders bei Angststörungen notwendig, weil ängstliche Menschen automatische Gedanken entwickeln, die negativ sind und nicht der Realität entsprechen. Diese Gedanken erhöhen nur die Angst und vermindern ihre Fähigkeit, das Leben zu bewältigen.

Wenn Sie jemand sind, der mit einer Angststörung lebt, kennen Sie höchstwahrscheinlich jemanden, der Ihnen sagt, Sie sollten einfach „positiver denken". Traurigerweise wissen Sie, dass das nicht so einfach ist. Wenn es so wäre, hätten Sie Ihre Probleme schon längst gelöst. Stattdessen befindet sich Ihr Gehirn in einem ständigen Zustand der Angst und Negativität, der nur schwer zu überwinden ist. Sich selbst zu sagen, weniger ängstlich zu sein und zu versuchen, an etwas anderes zu denken, löst das Problem Ihres Gehirns nicht.

Aber mit etwas Übung und Engagement können Sie mithilfe der kognitiven Verhaltenstherapie Ihr Gehirn umtrainieren. Während dies anfangs vielleicht einfach bedeutet, dass Sie, wenn Sie einen negativen Gedanken bemerken, diesen analysieren und in einen realistischen, positiven oder neutralen Gedanken umwandeln, kann es mit der Zeit immer effektiver und einfacher werden.

Wenn der Prozess einfacher wird, können Sie damit fortfahren, schwierigere Gedanken herauszufordern, bis Ihnen dies in Fleisch und Blut übergeht. Allmählich werden sich Ihre neuronalen Bahnen und Gedächtnisprozesse physisch verändern. Dies wird natürlich dazu führen, dass Sie sich anders fühlen. Sie werden feststellen, dass es Ihnen leichter fällt, optimistisch zu sein, Sie werden sich seltener ängstlich fühlen, und Ängste werden leichter zu überwinden sein. Es erfordert Geduld und Konsequenz, aber es lohnt sich.

Die systematische Desensibilisierung ist eine der häufigsten Behandlungsarten, die in der kognitiven Verhaltenstherapie bei Angststörungen eingesetzt wird. Bei dieser Art der KVT-Behandlung setzt sich der Patient schrittweise Situationen aus, die häufig Angst auslösen. Im Laufe der Zeit wird die Person lernen, damit umzugehen. Diese Situationen werden die Person allmählich weniger beeinträchtigen, und sie kann sogar zu schwierigeren Herausforderungen ihrer Angst übergehen. Dieser Prozess ist anfangs beängstigend, aber es reicht nicht aus, sich seinen Ängsten einfach zu stellen und sich zusammenzureißen. Stattdessen arbeitet man sich ganz allmählich in einem schrittweisen Prozess vor.

Wenn jemand zum Beispiel Höhenangst hat, würde er nicht gleich mit einem Bungee-Sprung von einer Klippe beginnen, um sich seinen Ängsten zu stellen. Dies würde seine Angst nur verschlimmern und ihre Überwindung erschweren. Stattdessen kann ein geschulter Therapeut, Psychologe oder Psychiater Ihnen helfen, diese Ängste in einem für Sie passenden Tempo zu bearbeiten.

Diese Art der Therapie beginnt oft mit einer Visualisierung. Eine Person mit Höhenangst könnte damit beginnen, sich selbst in einer Situation vorzustellen, die ihr normalerweise Angst macht. Wenn das Vorstellen dieser Situationen einfacher wird, kann die Therapie langsam auf reale Anwendungen übertragen werden.

Allerdings muss dies sehr langsam geschehen, damit der Prozess nicht nach hinten losgeht. Das heißt, eine Person mit Höhenangst würde zunächst am ehesten versuchen, sich auf einen niedrigen Schemel zu stellen oder in den zweiten Stock eines Gebäudes zu gehen.

Wenn es jemandem nicht möglich ist, Termine bei einem Psychologen wahrzunehmen, sei es aus logistischen Gründen oder wegen der eigenen Ängste, gibt es noch andere Möglichkeiten, mit einer ausgebildeten Fachkraft zu arbeiten. In den letzten Jahren ist die KVT über das Internet immer beliebter geworden. Die Forschung hat sogar herausgefunden, dass sie sehr erfolgreich sein kann und für die Online-Nutzung besser geeignet ist als andere Therapieformen.

Wenn Sie eine Angststörung haben und hoffen, eine kognitive Verhaltenstherapie zur Behandlung zu nutzen, gibt es ein paar Schlüsselfaktoren, mit deren Hilfe Sie Erfolge erzielen. Studien zeigen, dass sich eine erfolgreiche KVT weitgehend auf den Einzelnen und seine Bereitschaft, unangenehme oder schwierige Gedanken zu konfrontieren und seine Übungen gewissenhaft zu absolvieren, stützen kann. Es mag zunächst einschüchternd erscheinen, aber es hat sich gezeigt, dass die KVT bei Menschen mit Angstzuständen sehr effektiv ist, wenn sie bereit sind, etwas gegen ihre Ängste zu tun. Glücklicherweise hat sich gezeigt, dass die Ergebnisse die erforderliche Arbeit wert sind und dass sie lange anhalten.

Panikstörungen

Manche Menschen nehmen an, dass Angststörungen und Panikstörungen das Gleiche sind. Aber obwohl beide hinderlich können, sind es unterschiedlich Krankheitsbilder. Angst ist die Art von Furcht, die Sie erleben, wenn Sie sich Sorgen machen, dass Sie in der Schule durchfallen und ein Jahr wiederholen müssen. Panikattacken hingegen bezeichnen die Art von Furcht, die Sie erleben würden, wenn jemand in Ihr Haus einbräche und Sie sich in unmittelbarer Gefahr befänden.

Panikattacken treten jedoch auch dann auf, wenn keine gegenwärtige Gefahr besteht. Sie können schon durch eine einfache Berührung am Arm ausgelöst werden. Die Auslöser für Panikattacken sind bei jedem Menschen unterschiedlich und die Attacken selbst werden in der Regel von einer Vielzahl von körperlichen Symptomen begleitet. Dazu können Schwindel, Kurzatmigkeit, Herzrasen, Ohnmachtsgefühle, Zittern, Übelkeit, Schüttelfrost oder Hitzewallungen, Schmerzen in der Brust, Erstickungsgefühle oder Schweißausbrüche gehören. Sie können auch dazu führen, dass sich die Betroffenen fühlen, als würden sie sterben, als wären sie gar nicht beteiligt oder als würden sie verrückt werden.

Diese Anfälle treten plötzlich auf und dauern in der Regel zwischen einer und zehn Minuten. Die Person verspürt einen starken Drang, wegzulaufen und sich in Sicherheit zu bringen, aufgrund unserer natürlichen Kampf-oder-Flucht-Reaktion. Am Anfang werden diese Attacken oft durch keine bekannte Ursache ausgelöst, aber mit der Zeit können sie sich auf bestimmte Situationen beschränken. Zum Beispiel kann eine Person Panikattacken bei Flügen, in Aufzügen, beim Verlassen des Hauses oder in einer Reihe anderer Situationen entwickeln. Wenn sie unbehandelt bleiben, können sie oft zu Angstzuständen oder zur Abhängigkeit von Drogen oder Alkohol führen – in einem Versuch, die Symptome zu lindern. Viele Menschen werden aufgrund von Panikattacken arbeitsunfähig und sind nicht mehr in der Lage, einem Beruf nachzugehen.

Es gibt aussagekräftige Forschungsergebnisse, die die Wirksamkeit der KVT bei Panikstörungen belegen. Tatsächlich hat sich der Zustand der Teilnehmer nach zwölf Wochen mit dreizehn Kleingruppensitzungen stark verbessert. Alle Teilnehmer wurden vor der Therapie, nach der Hälfte und nach Abschluss der Therapie einer umfassenden Bewertung unterzogen. Am Ende der zwölf Wochen war jeder der Teilnehmer frei von seinen spontanen Panikattacken und konnte als hoch funktionierend eingestuft werden. Es hat sich gezeigt, dass diese Art der Therapie anderen Behandlungsmethoden, einschließlich Medikamenten, weit überlegen ist.

Die KVT-Behandlungspläne für Panikstörungen beinhalten oft Achtsamkeitsübungen, eine Expositionstherapie,

Entspannungstraining, eine kognitive Umstrukturierung, um angstauslösende Gedanken durch ausgewogenere Gedanken zu ersetzen, und Stressabbau, damit die betroffenen Personen lernen, auf Situationen ruhiger zu reagieren.

Depressionen und Selbstmordgedanken

Das Leben besteht aus vielen Höhen und Tiefen, was dazu führen kann, dass Menschen eine Depression entwickeln. Etwa jede vierte Frau und jeder achte Mann leidet im Laufe des Lebens an einer depressiven Störung. Während dies für manche Menschen nur ein vorübergehendes Problem ist, kämpfen andere ihr ganzes Leben lang mit Depressionen. Dies kann dazu führen, dass sich Menschen einsam, hoffnungslos und leer fühlen. Aber es gibt keinen Grund, stillschweigend zu leiden. Es gibt immer jemanden, der Ihnen helfen kann, egal ob es ein Familienmitglied, ein Freund, jemand aus dem Internet oder ein Psychologe ist.

Depressionen können zu einer echten Behinderung werden und sogar zu Selbstmordgedanken oder Selbstmordversuchen führen, doch die kognitive Verhaltenstherapie hat sich als wirksame Behandlung erwiesen. Unabhängig davon, ob Sie an einer mittelschweren oder schweren Depression leiden, hat sich die kognitive Verhaltenstherapie immer wieder als erfolgreich in der Behandlung erwiesen. Diese Therapie kann entweder als alleinige Behandlungsmethode oder in Kombination mit Antidepressiva durchgeführt werden.

Bei der Behandlung von Depressionen wird sich Ihr Therapeut darauf konzentrieren, Ihnen zu helfen, Ihre negativen Gedankenprozesse zu überwinden und sie zu etwas Ausgewogenerem zu verändern. Das braucht Zeit, aber wenn Sie dem Prozess diese Zeit geben, kann er die Form und die Synapsen Ihres Gehirns verändern, was nicht nur hilft, Ihr Gehirn geistig, sondern auch körperlich zu verbessern.

Süchte und Obsessionen

Egal, ob Sie an einer Drogen- oder Alkoholsucht leiden, die kognitive Verhaltenstherapie kann helfen. Es mag überwältigend erscheinen, aber durch den Prozess der KVT kann ein überwältigendes Problem in kleine überschaubare Teile verwandelt werden. Ein Therapeut oder Psychologe wird in der Lage sein, Sie persönlich mitsamt Ihrer Situation, Ihren Schwierigkeiten und anderen Problemen zu analysieren. Ihr Therapieplan kann so angepasst werden, dass er zugänglich und trotzdem sowohl kurzfristig als auch langfristig hilfreich ist.

Genau wie bei anderen Formen der KVT werden Menschen, die sie bei einer Alkohol- oder Drogenabhängigkeit anwenden, gebeten, Hausaufgaben zu machen. Diese Hausaufgaben bestehen meist darin, die eigenen Gedanken und Gefühle zu analysieren und falsche negative Gedanken in ausgewogene Gedanken zu verwandeln.

Es gibt drei Hauptfaktoren, die bei dieser Form der KVT häufig im Vordergrund stehen. Diese sind Erkennen, Vermeiden und Bewältigen.

Ihr Psychologe wird Ihnen helfen, die Momente zu erkennen, in denen Sie Ihrer Sucht am ehesten nachgeben.

Sie lernen dann, diese Situationen zu vermeiden, wenn es angebracht oder machbar ist.

Schließlich lernen Sie, mit einer breiten Palette von Verhaltensweisen umzugehen, die durch die Sucht verursacht werden. Man kann Ihnen beibringen, wie Sie eine bessere Selbstbeherrschung finden, wie Sie die positiven und negativen Auswirkungen Ihrer Sucht erforschen, sich selbst beobachten, um Verlangen und Schwächen frühzeitig zu erkennen, und wie Sie Strategien für die Situationen entwickeln, in denen Sie am ehesten Gefahr laufen, Ihrer Sucht zu frönen.

Eine Abhängigkeit kann überwältigend sein und es kann sich so anfühlen, als sei es unmöglich, sie zu überwinden. Doch die Forschung zeigt eindeutig die Vorteile der kognitiven Verhaltenstherapie bei der Behandlung von Alkohol- und Drogenabhängigkeit. In der Tat ist es erwiesen, dass die Fähigkeiten, die Menschen durch die KVT erlernen und die Vorteile, die sie dadurch erfahren, lange nach Beendigung der Therapie erhalten bleiben.

Zwangsstörungen

Bei der Zwangsstörung, auch bekannt als Obsessive-Compulsive Disorder (OCD), denkt man oft, dass es sich einfach um Menschen handelt, die zum Putzen oder Organisieren neigen. Allerdings ist jemand, der einfach nur pingelig ist, wenn es um Organisation oder Reinigung geht, etwas völlig anderes als der Grad von Zwanghaftigkeit, den OCD verursacht.

Zwangsstörung bedeutet nicht, dass jemand dazu neigt, viel zu putzen oder zu organisieren. Auf manche Menschen trifft das zu, aber es gibt viele andere Arten, auf die sich Zwangsstörungen manifestieren können. Zwangsstörungen sind durch hartnäckige und wiederholte unerwünschte Gedanken gekennzeichnet. Selbst wenn Betroffene versuchen, sie zu ignorieren, gelingt ihnen das oft nicht. Dies kann zu Ritualen oder Verhaltensweisen führen, die zwanghaft sind. Diese Zwänge können so überwältigend sein, dass jemand, der das Bedürfnis verspürt, sich die Hände zu waschen, diese so lange wäscht, bis sie wund sind und täglich bluten.

Zu den häufigen Zwangsvorstellungen bei Zwangsstörungen gehören Gedanken darüber, dass Ihnen etwas zustoßen könnte, die Sorge, dass Sie jemand anderem etwas antun könnten, aggressive Impulse, unerwünschte sexuelle Gedanken, Angst vor Verunreinigungen und das Bedürfnis, dass alle Dinge geordnet oder symmetrisch sind.

Glücklicherweise hat sich die kognitive Verhaltenstherapie als eine der effektivsten Formen der Behandlung
von Zwangsstörungen erwiesen. Die Forschung hat
gezeigt, dass ganze 75 Prozent der Patienten mit
OCD stark von einer kognitiven Verhaltenstherapie
profitieren und in einigen Studien waren es sogar
80 Prozent. Aufgrund des Erfolgs der KVT mit nur
wenigen Nebenwirkungen oder negativen Aspekten
wird sie von vielen psychotherapeutischen Zentren
und Experten als erste Wahl für die Behandlung von
Zwangsstörungen betrachtet.

Zu Beginn der Therapie wird der Patient gebeten,
seine verschiedenen Zwänge und Obsessionen aufzulisten und zu beschreiben. Sie werden in eine
Rangfolge gebracht, sodass der Therapeut leicht erkennen kann, was für diejenige Person am schwie-
rigsten ist. Als Nächstes wird sie gebeten, Beispiele
aus der jüngsten Vergangenheit zu nennen, in denen
ihre Zwangsstörung besonders hervorgetreten ist.
Es ist wichtig, auf die Gedanken, Bilder, Triebe und
Zweifel einzugehen, die während dieser Zeit aufge-
treten sind.

Das Ziel der kognitiven Verhaltenstherapie ist nicht,
die Gedanken loszuwerden, die mit der Zwangsstörung
auftreten. Stattdessen kann ein Therapeut Ihnen helfen, zu lernen, mit diesen Gedanken umzugehen. Der
behandelnde Psychologe kann helfen, diese Triebe und
Gedanken zu überwinden, sodass sie Sie nicht mehr
kontrollieren und Ihnen keine Angst mehr machen. Sie

werden nicht mehr nach ihnen handeln müssen, um Erleichterung zu spüren.

Ein guter Therapeut oder Psychologe ist in der Lage, zu lernen, wie die Zwangsstörung einer Person funktioniert, was sie in Gang hält, welche Ideen dahinterstecken und wie man sie in etwas Handhabbares verwandeln kann. Die Behandlung von Zwangsstörungen ist vermutlich nicht einfach, egal welche Art von Therapie der Betroffene wählt. Aber mithilfe der kognitiven Verhaltenstherapie und einer gut ausgebildeten Fachkraft ist es möglich, Linderung zu finden.

Essstörungen und negatives Körperbild

Ob Sie mit Anorexie, Bulimie, Essattacken oder einer anderen Essstörung leben, die kognitive Verhaltenstherapie kann helfen. Von allen Anwendungsgebieten der kognitiven Verhaltenstherapie haben sich Essstörungen als eines der Gebiete erwiesen, bei denen die KVT am effektivsten ist. Das liegt vor allem daran, dass sich die KVT sowohl auf die psychischen als auch auf die physischen Aspekte von Essstörungen konzentriert. Die KVT hilft nicht nur bei einer Art von Essstörung, sondern bei allen Arten.

In der Therapie wird den Betroffenen beigebracht, wie ihre Wahrnehmung ihr Körperbild, ihre Selbsteinschätzung, ihr Selbstwertgefühl, ihren Perfektionismus und ihre Kernüberzeugungen beeinflusst.

Außerdem wird ihnen beigebracht, wie sie mit den Verhaltensfaktoren von Essstörungen wie absichtliches Erbrechen, Heißhungerattacken, Selbstverletzungen, ständigem Wiegen und anderen Handlungen umgehen können.

Ein Therapeut oder Psychologe kann Ihnen dabei helfen, die Fähigkeiten und das Bewusstsein zu erlernen, das Sie brauchen, um ein ausgewogeneres Verständnis von sich selbst zu erlangen. Es gibt drei Hauptphasen – die Verhaltensphase, die kognitive Phase und die Erhaltungsphase.

Während der Verhaltensphase kann der Therapeut Ihnen helfen, Ihr Essverhalten auszubalancieren und Ihre individuellen Symptome zu beseitigen, die auf Ihrer spezifischen Essstörung basieren. Obwohl sich die Gefühlslage des Patienten während dieses Teils der Therapie oft verschlimmert, kann ein Therapeut helfen. Indem er Ihnen Bewältigungsmechanismen, Strategien und wichtige Methoden beibringt, um Ihre Gefühle sowohl in den Sitzungen als auch zu Hause zu bewältigen, kann Ihr Psychologe Ihnen helfen, in die nächste Phase der Behandlung überzugehen.

In der kognitiven Phase konzentriert sich der Psychologe auf die Veränderung Ihrer Denkmuster. Indem er schädliche und negative Gedanken wie „Ich kann nur glücklich sein, wenn ich abnehme" identifiziert und ins Visier nimmt, können Sie ein neues Verständnis gewinnen und Ihr Verlangen danach, das schädliche

Verhalten fortzusetzen, verringern. Ihre negativen Gedanken können durch ausgewogene Alternativen ersetzt werden, wie z. B. „Mein Wert hängt nicht von meiner Kleidergröße oder der Zahl auf der Waage ab."

Sobald Sie die Erhaltungsphase beginnen, wird sich Ihr Psychologe darauf konzentrieren, Ihnen dabei zu helfen, bekannte Auslöser zu reduzieren, Rückfälle zu verhindern und Ihnen Methoden beizubringen, mit deren Hilfe Sie Ihre hart erarbeiteten Fortschritte erhalten können.

Posttraumatische Belastungsstörung

„Einer der Schlüsselfaktoren, die die KVT zu einer der effektivsten Theorien in der Arbeit mit von PTBS betroffenen Klienten machen, ist ihre Fähigkeit, sich auf die Verarbeitung von Gedanken, Überzeugungen und Emotionen zu einzelnen aktivierenden Ereignissen zu konzentrieren. Das ABC-Modell ermöglicht es dem Klienten, das traumatische Ereignis zu isolieren und damit zu beginnen, maladaptive Gedanken, Emotionen und Verhaltensweisen, die mit diesem Ereignis verbunden sind, anzufechten, ohne dabei von anderen Lebensereignissen überwältigt zu werden." – Felicia Jessup

Jeder erlebt im Laufe seines Lebens belastende und erschütternde Ereignisse. Aber wenn diese Ereignisse besonders beunruhigend oder stressig sind, können sie zu einer traumatischen Erfahrung werden, die unglaublich quälend ist. Der Verlust eines geliebten

Menschen, eine intensive Operation, ein bewaffneter Raubüberfall, all diese und andere Ereignisse können traumatisch wirken.

Wenn Situationen besonders schrecklich oder gefährlich sind oder zu einem Gefühl der Hilflosigkeit führen, dann kann der Betroffene eine langfristige psychologische Narbe davontragen. Dies kann durch eine Vielzahl von Situationen verursacht werden. Einige der häufigsten sind Missbrauch, sexuelle Übergriffe, Kriegserlebnisse, zum Opfer eines Verbrechens zu werden, schwere Verletzungen und Naturkatastrophen.

Es kann zwar nicht vorhergesagt werden, wer eine PTBS entwickelt, aber diejenigen, die ein schweres Trauma erleiden, haben eine höhere Wahrscheinlichkeit, diesen Zustand zu entwickeln. Niemand ist immun gegen psychische Erkrankungen, ob es sich um PTBS oder um etwas anderes handelt.

Es gibt mehrere Theorien zur PTBS und diese Theorien zu verstehen, kann während des Behandlungsprozesses helfen. Die Theorie der emotionalen Verarbeitung von Rauch und Foa aus dem Jahr 2006 besagt, dass Menschen, die ein Trauma erlebt haben, aufgrund des Erlebnisses ungesunde Assoziationen entwickeln können. Dies kann dazu führen, dass die Person weiteren Stress entwickelt, wenn ihr etwas begegnet, das sie an das Erlebnis erinnert. Dieselben Menschen können auch eine maladaptive Wahrnehmung und verzerrte Ansichten entwickeln.

Glücklicherweise können viele Menschen mithilfe des kognitiven Modells, das wir zuvor besprochen haben und das auch als ABC-Modell bekannt ist, und einer Expositionstherapie, die von einer ausgebildeten Fachkraft durchgeführt wird, Linderung finden.

Ein Therapeut kann eine Vielzahl von Elementen aus der kognitiven Verhaltenstherapie verwenden, um seinen Patienten mit PTBS zu helfen. Obwohl, wie das Zitat von Felicia Jessup erwähnt, eine der erfolgreichsten Komponenten der KVT die Fähigkeit ist, sich auf die Gedanken, Überzeugungen und Emotionen zu konzentrieren, die das traumatische Ereignis beim Patienten ausgelöst hat. Frau Jessup nutzte diese Methode häufig, als sie als zivile Militärberaterin für die US Air Force arbeitete. Sie benutzte das kognitive Modell, um ihren Patienten zu helfen, ihre ungesunden Denkmuster oder Verzerrungen zu identifizieren und neu zu bewerten. Diese Gedanken, wie das Erwarten katastrophaler Ereignisse, negatives Denken, das positives Denken überlagert, und Selbstbeschuldigung für das traumatische Ereignis können dann neu konzeptualisiert werden. Dadurch kann der Patient ein besseres Verständnis nicht nur für das traumatische Ereignis, sondern auch für sich selbst und seine Fähigkeit, mit dem Ereignis umzugehen, gewinnen.

Im Rahmen der kognitiven Verhaltenstherapie kann ein Therapeut einem Patienten schrittweise helfen, die Expositionstherapie zu absolvieren. Dies geschieht in einer sicheren Umgebung und mit der vollen

Zustimmung des Patienten, um kein weiteres Trauma zu verursachen. Indem der Patient Erinnerungen an sein Trauma ausgesetzt wird, sei es durch Visualisierung, Geräusche oder andere Methoden in einer kontrollierten Umgebung, ist er in der Lage, sich von seinem Trauma zu erholen. Dieser Prozess kann dem Patienten mehr Selbstvertrauen geben und er kann lernen, das Bedürfnis, ähnliche Erinnerungen zu vermeiden oder ihnen zu entkommen, zu reduzieren.

Indem er seinem Patienten hilft, zu lernen, wie sich ein Trauma auf ihn auswirken kann, Entspannungstechniken zur Stressbewältigung anzuwenden und Lösungen für unangenehme oder triggernde Situationen vorauszuplanen, kann ein Therapeut die Kontrolle, das Vertrauen und die Heilung eines Patienten weiter bestärken.

Kapitel 5:

Die dialektisch-behaviorale Therapie in Aktion

Wenn Sie bereits von der KVT gehört haben, bevor Sie dieses Buch in die Hand genommen haben, dann haben Sie vielleicht auch schon von der DBT oder dialektisch-behavioralen Therapie gehört. Aber was bedeutet der Begriff „dialektisch" überhaupt? Dieser Begriff bezieht sich auf zwei Meinungen oder Kräfte, die scheinbar gegensätzlich sind und synergetisch zusammenwirken.

So sind Akzeptanz und Veränderung zwar scheinbar Gegensätze, aber in der DBT wird dem Patienten beigebracht, sich selbst so zu akzeptieren, wie er ist, und sich zu verändern, damit er seine Ziele erreichen kann. Diese Methode wurde von Dr. Marsha Linehan entwickelt und nutzt Elemente der Emotionsregulation, der Achtsamkeit, der zwischenmenschlichen Effektivität und der Distress-Toleranz. Das Ziel dieser Therapie ist es, den Patienten dabei zu helfen, sich Ziele zu setzen, ein Leben aufzubauen, das sie als lebenswert empfinden, und schädliche Verhaltensweisen abzubauen.

Obwohl diese Behandlung ursprünglich für Menschen entwickelt wurde, die suizidgefährdet sind und bei denen eine Borderline-Persönlichkeitsstörung (BPS) diagnostiziert wurde, hat sich die DBT auch für viele andere Personen als nützlich erwiesen. Die vier Elemente der DBT im Einzelnen sind:

- Emotionsregulation: die Fähigkeit, schmerzhafte Emotionen und Verletzlichkeit zu reduzieren und gleichzeitig die Emotionen so zu verändern, das sie zu dem werden, was Sie sich wünschen
- Achtsamkeit: die Praxis zu erlernen, im Moment völlig präsent und sich seiner selbst bewusst zu sein
- Zwischenmenschliche Effektivität: Beginnen Sie, andere um das zu bitten, was Sie brauchen, und lernen Sie auch, falls nötig „Nein" zu sagen, während Sie trotzdem solide Beziehungen zu anderen aufrechterhalten
- Distress-Toleranz: Lernen Sie, dass Sie schmerzhafte Situationen nicht immer ändern können, und dass Sie stattdessen einen Weg finden müssen, sie zu tolerieren

Diese Elemente der DBT werden in der Regel in vier verschiedenen Methoden vermittelt, zu denen das Skills-Training in der Gruppe, die individuelle Behandlung, das Telefoncoaching und die Teamberatung gehören.

Die Skillsgruppe in der DBT konzentriert sich darauf, den Patienten beim Erlernen von Verhaltensfertigkeiten zu helfen. Diese Trainingsgruppen treffen sich einmal wöchentlich für einen Zeitraum von vierundzwanzig Wochen und können manchmal sogar wiederholt werden, um ein ganzes Trainingsjahr zu bilden. Während dieses Zeitraums funktionieren die Gruppen ähnlich wie ein Kurs und die Teilnehmer erhalten Hausaufgaben, die ihnen helfen sollen, ihre neu erlernten Fähigkeiten im Alltag zu integrieren.

Während die Teilnehmer bereits ein wöchentliches Gruppentraining absolvieren, besuchen sie zusätzlich eine ebenfalls einmal wöchentlich stattfindende Therapiesitzung. Dies dient dazu, die Motivation der Patienten zu steigern, spezifische Ziele zu setzen und ihnen zu helfen, die in der Gruppe erlernten Fähigkeiten weiter anzuwenden.

Zwischen den einzelnen Therapiesitzungen können die Patienten ihren Therapeuten telefonisch kontaktieren, um sofortige Hilfe zu erhalten. Dies ist besonders wirksam bei Menschen, die mit unglaublich schwierigen Diagnosen leben, die ihr tägliches Leben behindern.

Der Teamberatungsanteil ist dazu gedacht, den Therapeuten zu helfen und sie bei Patienten zu unterstützen, die möglicherweise zunehmend komplexere und schwieriger zu behandelnde Erkrankungen haben. Dieses Team von Menschen hilft dem Therapeuten, motiviert zu bleiben, und kann bei Bedarf Ratschläge geben. Die Teamberatungsgruppe trifft sich in der Regel einmal wöchentlich.

Der Therapeut wird die Behandlung des Patienten in vier Phasen einteilen, wobei diese Phasen auf dem Tempo und dem Verhalten der einzelnen Person basieren. Anstatt eine festgelegte Zeitspanne für jede Stufe zu haben, gibt dies dem Therapeuten die Möglichkeit, so viel oder wenig Zeit innerhalb einer Stufe zu verbringen, wie der Patient benötigt.

In der ersten Phase, wenn Patienten mit der DBT beginnen, beschreiben sie ihren geistigen Zustand oft als „Hölle". Sie können sogar versuchen, sich selbst zu verletzen, Selbstmord zu begehen oder Alkohol oder Drogen zu nehmen. Diese Phase endet, wenn der Patient nicht mehr selbstzerstörerisch ist und beginnt, Kontrolle über sein Verhalten zu zeigen.

Während der zweiten Phase stellt der Patient möglicherweise keine unmittelbare Gefahr mehr für sich selbst dar. Trotzdem leidet er weiter und fühlt sich, als ob er in stiller Verzweiflung lebt. Die zweite Phase endet, wenn der Patient in der Lage ist, sich von der stillen Verzweiflung zu lösen und beginnt, Emotionen vollständig zu erleben.

In der dritten Phase lernt der Patient, Ziele zu schaffen, Frieden zu finden, ein Gefühl der Selbstachtung aufzubauen und Freude zu erleben. Das Ziel für diese

Stufe ist, dass der Patient in der Lage ist, sein Leben gerne zu leben, sowohl mit allem Glück als auch mit allem Unglück, das ihm widerfährt.

Phase vier ist für Menschen, die nach einem tieferen spirituellen Sinn in ihrem Leben suchen. Diese Stufe schafft ein tieferes Gefühl der Erfüllung für Menschen, die sich nicht in einem Leben mit regelmäßigen Höhen und Tiefen, die im Laufe des Lebens kommen und gehen, einrichten können. Das Ziel dieser Stufe ist es, den Patienten zu helfen, vom Gefühl der Unvollständigkeit zu einem erfüllten Gefühl der Freude und Freiheit zu gelangen.

Warum sprechen wir über DBT in einem Buch, das sich auf KVT konzentriert? Nun, weil die dialektisch-behaviorale Therapie auf der Grundlage der KVT entstanden ist. Als Dr. Linehan und andere Therapeuten diese Form der Therapie entwickelten, bezogen sie viele KVT-Techniken mit ein. Dazu gehören Hausaufgaben, Verhaltensanalyse, Kompetenztraining und eine Verhaltensbewertungsskala. Sie schufen dies, weil einige Patienten, die mit dem Bedürfnis nach Veränderung und mit Überforderung kämpfen, nicht das Gefühl hatten, dass ihre Bedürfnisse erfüllt werden. Aber nachdem Dr. Linehan und die anderen Therapeuten sich die Videoaufzeichnungen ihrer Sitzungen angesehen hatten, bemerkten sie Gemeinsamkeiten bei dem, was diesen Patienten half. Diese Patienten benötigten einen Plan, der ihnen half, mit ihren Schmerzen umzugehen und einen Sinn im Leben zu finden. Nachdem sie mit der neuen Therapiemethode begonnen hatten, setzten diese Patienten ihre Therapie fort, erzielten nun schneller Besserung und auch ihre Beziehung zu ihren Therapeuten verbesserte sich.

Daher verfügt die DBT auch über viele der Vorteile der kognitiven Verhaltenstherapie. Und wenn eine Person meint, dass die KVT nicht genug ihrer Bedürfnisse in puncto psychische Gesundheit erfüllt, dann muss diese Person es möglicherweise mit der dialektisch-behavioralen Therapie versuchen.

Ein Psychologe, der unter Dr. Linehan ausgebildet wurde, lernt, wie man die DBT effektiv einsetzt. Dr. Kelly Koerner ermutigt Menschen, Aspekte der kognitiven Verhaltenstherapie und der dialektisch-behavioralen Therapie in ihrem täglichen Leben anzuwenden. Sie empfiehlt, diese Therapien anzuwenden, wenn Menschen zwischen zwei verschiedenen Meinungen oder Handlungsweisen feststecken. Wenn Sie also mit einem Umstand zu kämpfen haben, aber nicht in der Lage sind, ihn zu ändern, könnten die Techniken der DBT Ihnen helfen. Mit diesen können Sie einen Weg finden, den Umstand entweder zu akzeptieren oder zu ändern.

Während eines Vortrags für die Nationale Bildungsallianz für Borderline-Persönlichkeitsstörungen erörterte Dr. Koerner, wie diese Techniken in das tägliche Leben integriert werden können. Während sie darüber sprach, wie die DBT Menschen helfen kann, führte sie die Zuhörer durch den Prozess der Anwendung:

- Identifizieren Sie die beiden konkurrierenden Positionen. Diese werden von Person zu Person unterschiedlich sein, aber sagen Sie zum Beispiel, dass es darum geht, entweder einen Hund oder eine Katze zu adoptieren.
- Untersuchen Sie beide Positionen vollständig und auf ehrliche und geradlinige Weise. Sie sollten eine Liste mit den Pros oder Wahrheiten beider Seiten erstellen.
- Konzentrieren Sie sich auf Ihren Körper, finden Sie Ihre Mitte, und konzentrieren Sie sich auf eine tiefe, langsame Atmung. Tun Sie dies, bis Sie ein ruhiges und geerdetes Gefühl der Balance entwickelt haben.
- Fragen Sie sich ehrlich, was Ihr Lebensziel ist und wie die Person, die Sie sein wollen, die Situation lösen oder entscheiden würde. Was ist für Sie am wichtigsten? Wie werden Sie Jahre später, wenn Sie älter sind, über Ihre Entscheidung denken? Konzentrieren Sie sich darauf, in diesen Gedanken geerdet zu bleiben.
- Während Sie geerdet bleiben, erlauben Sie sich, Ihre Gefühle und alle Wahrheiten bezüglich Ihres Dilemmas zu untersuchen. Wir alle sind von unserer Umgebung und unserer Erziehung geprägt worden, und das beeinflusst unsere Meinungen.

- Um zu sehen, was alles zu dem Konflikt geführt hat, erstellen Sie eine Kettenanalyse. Diese kann alle laufenden Emotionen wie Wut, Eifersucht oder Enttäuschung hervorbringen. Sie kann aber auch andere Emotionen aufzeigen, die zur Meinungsbildung geführt haben, wie z. B. Mitgefühl, Empathie, Großzügigkeit und Freundlichkeit.
- Abschließend können Sie beide Positionen verbal bestätigen, während Sie mögliche Lösungen für jede Seite ausarbeiten. Beim Umgang mit Konflikten sollten Sie versuchen, die Lösungen so zu kombinieren, dass ein Kompromiss für beide Personen entsteht.

Dr. Koerner betont, dass wir, auch wenn wir nicht in der Lage sind, sofort eine Lösung zu finden, trotzdem lernen können, den Umstand zu akzeptieren. Wir können uns darauf konzentrieren, Mitgefühl zu zeigen.

Angst

Unsere Emotionen sind entscheidend dafür, wie unser Leben funktioniert. Doch während Emotionen wie Angst hilfreich sein können, wenn wir uns in einer Gefahrensituation befinden, entwickeln wir manchmal Angststörungen, bei denen diese Emotionen durch unbekannte Auslöser verursacht werden. Diese Angst hilft uns nicht, in einer gefährlichen Situation zu überleben, sondern sie macht das Leben einfach zu einem miserablen Kampf. Selbst wenn wir versuchen, einfach „glückliche Gedanken zu denken", geht die Angst nicht weg.

Zum Glück können wir mit der dialektisch-behavioralen Therapie kognitive und emotionale Fähigkeiten erlernen, die wir dann in unserem Leben anwenden können. Selbst wenn unsere Emotionen unglaublich schwierig und belastend sind, sind wir durch die DBT dafür gerüstet, mit ihnen umzugehen. Wenn Sie sich der DBT unterziehen, können Sie lernen, Ihre Emotionen zu regulieren und auch besser beeinflussen, wie Sie sie auszudrücken.

Anstatt gegen die Realität einer Situation anzukämpfen, können Sie sich in Achtsamkeit und Techniken zur Stressbewältigung üben. Diese werden Sie befähigen, Situationen und Ereignisse besser akzeptieren zu können. Es gibt viele Möglichkeiten, diese Übungen durchzuführen. Manche Menschen zählen bis zehn, andere verwenden Atemübungen, während wieder andere einen Eiswürfel in die Hand nehmen, der ihnen hilft, sich auf den Moment zu konzentrieren und sie in Richtung Akzeptanz zu führen.

Durch die Anwendung der erlernten Fähigkeiten zur Emotionsregulierung werden Sie in der Lage sein, Ihre Emotionen ruhig zu beobachten und zu beschreiben. Dies kann geschehen, indem Sie das Problem lösen, um dadurch die Umstände und Ihre Emotionen zu verändern, indem Sie entgegengesetzt zu dem handeln, wonach es Sie verlangt, oder indem Sie die Fakten einer gegebenen Situation doppelt überprüfen.

Bevor Sie jedoch versuchen, Ihre Emotionen mithilfe der DBT zu beeinflussen oder zu verändern, ist es unerlässlich, dass Sie zunächst verstehen, warum diese Emotionen aufsteigen und woher sie kommen. Dies ist einer der Hauptpunkte der DBT und einer der Faktoren, anhand derer sie von der KVT unterschieden werden kann. Indem Sie eine Situation analysieren oder Ihre Emotionen beschreiben und dabei vorurteilsfrei und achtsam vorgehen, können Sie effektiver unterscheiden, was wahr ist und was sich nur in Ihrem Kopf abspielt. Dies ermöglicht Ihnen, Ihre Emotionen ruhiger zu handhaben und besser zu kontrollieren. Dieser Prozess ist einer der Gründe, warum sich die DBT bei Patienten mit Angstzuständen und anderen Störungen als so erfolgreich erwiesen hat.

Depression und Selbstmordgedanken

Im Jahr 2002 wurde eine Studie im American Journal of Geriatric Psychiatry veröffentlicht. In dieser Studie wurde festgestellt, dass die DBT eine effektive Therapie und Behandlung für Depressionen darstellt. Bei Abschluss der Studie waren erstaunliche 71 Prozent der Teilnehmer frei von allen Symptomen, die durch Depressionen verursacht wurden.

Obwohl die DBT nicht speziell für die Behandlung von Depressionen entwickelt wurde, sondern für die Borderline-Persönlichkeitsstörung, kann sie eine bedeutende Hilfe für Menschen sein, die an dieser Erkrankung leiden. Das liegt daran, dass die Kernprinzipien und

Fähigkeiten, die von der DBT gelehrt werden, Toleranz und Validation sind, beides etwas, von dem Menschen, die mit Depressionen leben, mehr gebrauchen können. Diese Menschen verspüren oft ein überwältigendes Gefühl von Verlust, Wertlosigkeit, Hoffnungslosigkeit und Traurigkeit. Jeder Aspekt ihres Lebens ist betroffen und allzu oft wollen sie nicht einmal aus dem Bett aufstehen, weil das bedeutet, einen weiteren Tag des Lebens mit Depressionen zu beginnen.

Unabhängig davon, ob Menschen mit Depressionen in einem toxischen Umfeld leben, in dem sie beschimpft werden, oder ob sie sich ständig selbst beschimpfen, beeinflussen die Umstände im Leben einer Person ihre Depression. Mittels der DBT können diese Personen jedoch Bewältigungsmechanismen erlernen, die es ihnen ermöglichen, die Probleme in ihrem Leben direkt anzugehen.

Das Führen eines Tagebuches oder die Verwendung von Tagebuchkarten ist ein weiterer wichtiger Bestandteil der DBT, der für Menschen mit Depressionen von unschätzbarem Wert sein kann. Diese Tagebuchkarten können den Betroffenen helfen, besser zu nachzuvollziehen, welche Bewältigungsmechanismen sie verwenden, welche Verhaltensweisen sie aufzeigen und wie diese sie beeinflussen, und welche entwertenden Gedanken sie hegen. Der Therapeut kann dann über diese Tagebuchkarten drüberschauen und helfen, den Behandlungsprozess für seine Patienten weiter anzupassen.

Dies wird ihnen erlauben, sich von ihren Problemen und ihrem Stress zu befreien. Es kann, wie jede Behandlung, Zeit in Anspruch nehmen. Aber Studien zeigen, dass, wenn sowohl der Therapeut als auch der Patient engagiert bei der Arbeit ist, Ergebnisse folgen werden.

Essstörungen und negatives Körperbild

Dialektik bedeutet, zwei vermeintlich entgegengesetzte Standpunkte gleichzeitig zu vertreten, und kann daher besonders hilfreich für Menschen sein, die unter Essstörungen leiden. Diese Menschen kämpfen oft mit einem Alles-oder-Nichts-Denken, bei dem es nur Schwarz oder Weiß gibt. Sie denken vielleicht, dass sie ein kompletter Versager und wertlos sind, wenn sie eines Tages erbrechen. Aber wenn diese Menschen in der Lage sind, zu lernen, die Sache von einem dialektischen Blickwinkel zu betrachten, dann können sie lernen, sich zu sagen: *„Ich habe heute vielleicht erbrochen, aber ich kann trotzdem weiter vorankommen und meinen Weg der Genesung gehen."*

Menschen, die nicht mit einer Essstörung oder einer anderen psychischen Erkrankung leben, nehmen vielleicht an, dass Menschen mit diesen Störungen sich einfach nicht genug anstrengen. Doch die meisten Menschen, die an einer psychischen Erkrankung, einschließlich Essstörungen, leiden, geben ihr absolut Bestes, um gegen ihr Gehirn und ihre Wahrnehmung anzukämpfen. Sie haben einfach noch keinen Zugang zu einem Behandlungsplan bekommen, der für sie funktioniert.

Während Essstörungen destruktiv sind und Betroffene stark belasten, sind diese Betroffenen zugleich in der Lage, ein kleines Maß an Erleichterung und Ablenkung zu finden, wenn sie den Trieben der Störung nachgeben. Glücklicherweise können diese Menschen durch die DBT lernen, wie sie die gleiche Erleichterung und den gleichen Trost auf eine Art und Weise finden können, die gesünder für ihren Geist und Körper ist.

Die DBT wird vermehrt von Menschen mit Essstörungen angewendet, da sie sich effektiv auf gesunde Bewältigungsmechanismen und die Regulierung von Emotionen konzentriert. Durch das Erlernen der Identifizierung von Auslösern, die Anwendung von Methoden wie den Atem- und Entspannungsübungen zur Stressbewältigung und durch das Üben von achtsamem Essen können Betroffene mit der Anwendung der DBT starke Verbesserungen ihrer Gesundheit erzielen. Unabhängig von der Essstörung kann diese Therapie nachweislich helfen.

Auch wenn die kognitive Verhaltenstherapie eine seit Langem eingesetzte und bewährte Methode zur Behandlung von Essstörungen ist und oft als Erstes versucht wird, sollte jemand, der mit der KVT keinen Erfolg hat, vielleicht die DBT ausprobieren. Experten erklären, dass die DBT Menschen mit Essstörungen auf ähnliche Weise helfen kann, wie sie Menschen mit einer Borderline-Persönlichkeitsstörung hilft, die sich selbst verletzen. Obwohl die Bedingungen unterschiedlich sind, beinhalten beide Krankheitsbilder Handlungen, die dem Betroffenen Schaden zufügen. Doch diese schädlichen Handlungen verschaffen dem Betroffenen auch ein Gefühl der Erleichterung von seinem emotionalen Schmerz. Dies erklärt, warum die Unterstützung der Patienten beim Erlernen der Regulierung und Kommunikation ihrer Emotionen bei beiden Erkrankungen zu einem solchen Erfolg führen kann.

Kapitel 6:

Die Vorteile von KVT und DBT im täglichen Leben

Es hat viele Vorteile, die kognitive Verhaltenstherapie und die dialektisch-behaviorale Therapie in Ihrem täglichen Leben anzuwenden. Sie können lernen, Ihre Emotionen besser zu kontrollieren, Trauer zu verarbeiten, fundierte Entscheidungen zu treffen, Stress abzubauen, die Sichtweisen anderer Menschen zu verstehen und vieles mehr.

Durch das Erlernen dieser Techniken können Menschen eine große Verbesserung in ihrem Leben erzielen, egal ob sie an einer Angststörung, an einer Depression, einer Essstörung, PTBS, einer Zwangsstörung oder an einer der vielen anderen Erkrankungen leiden. Aber auch Menschen, die geistig gesund sind, können mit diesen Techniken lernen, ihre Emotionen besser zu verstehen, zu kommunizieren und zu kontrollieren sowie lernen, sich zu entspannen und ihr Leben zu verbessern.

Eine der wirkungsvollsten Möglichkeiten, wie Sie Ihr Leben verbessern können, sei es zu Hause, bei der Arbeit, in der Schule oder in Ihrem sozialen Leben, ist die Anwendung des kognitiven Modells. Wir haben dieses Modell bereits zu Beginn des Buches besprochen und Sie müssen dabei einfach nur das Folgende ausfüllen:

- Situation
- Stimmung
- Automatische Gedanken oder Bilder
- Beweise, die diese Gedanken unterstützen
- Beweise, die diese Gedanken widerlegen
- Alternative gesunde Gedanken
- Neue Stimmung

Ob Sie diese Kategorien in einem Tagebuch, auf Ihrem Telefon oder auf vorgedruckten Blättern ausfüllen, bleibt Ihnen überlassen. Wichtig ist, dass Sie das kognitive Modell regelmäßig anwenden, wenn Sie negative Gedanken oder Emotionen wie Stress, Angst, Depression, Verzweiflung, Ärger, Eifersucht etc. erleben.

Behandeln Sie sich selbst nicht so, wie Sie sich auch von anderen nicht behandeln lassen würden. Niemand hat es verdient, ständig beschimpft und angegriffen zu werden. Dabei spielt es keine Rolle, ob der Angriff von außen oder von einem selbst kommt.

Atemübungen sind ein wichtiges Mittel, das häufig sowohl in der KVT als auch in der DBT eingesetzt wird, da diese Übungen eine unglaublich beruhigende Wirkung auf Körper und Geist haben, wie man sie mit einfacher Ruhe nicht erzielen kann. Es gibt viele verschiedene Übungen, aus denen Sie wählen können, und diese können überall durchgeführt werden! Wenn Sie auf der Arbeit, in der Schule oder auf einer Party sind und feststellen, dass Sie sich überwältigt fühlen oder mit einem Trigger zu kämpfen haben, dann können Sie versuchen, einen ruhig gelegenen Ort zu finden, um diese Atemtechniken zu üben.

Die 4-7-8-Methode

Diese Methode ist einfach und nimmt sehr wenig Zeit in Anspruch, sodass sie überall durchgeführt werden kann. Sie können diese Atemübung zwar in jeder Position anwenden, doch wenn Sie sie zum ersten Mal durchführen, üben Sie im Sitzen, mit geradem Rücken. Legen Sie die Zungenspitze direkt an den Gaumen hinter Ihren beiden oberen Vorderzähnen. Achten Sie darauf, dass Ihre Zunge während der gesamten Atemübung in dieser Position bleibt. Während Sie diese Übung durchführen, atmen Sie durch den Mund aus. Wenn es sich jedoch unangenehm anfühlt, um die Zunge herum auszuatmen, können Sie versuchen, die Lippen leicht zu spitzen.

- Beginnen Sie damit, ein zischendes Geräusch zu machen, während Sie vollständig durch den Mund ausatmen. Schließen Sie dann den Mund und zählen Sie bis vier, während Sie leise durch die Nase einatmen.

- Halten Sie den Atem an, während Sie bis sieben zählen, und atmen Sie dann wieder vollständig aus. Achten Sie darauf, dass Sie Ihre Zunge an Ort und Stelle halten und dass Sie beim Ausatmen durch den Mund ein zischendes Geräusch machen. Während Sie ausatmen, zählen Sie bis acht.
- Dieser Vorgang dauert einen Atemzug und Sie sollten ihn insgesamt vier Mal wiederholen.

Es ist wichtig, zu beachten, dass Sie bei dieser Technik immer hörbar durch den Mund ausatmen, jedoch leise durch die Nase einatmen.

Die genaue Zeit, die Sie für jede Phase aufwenden, muss nicht vier, sieben und acht Sekunden betragen. Aber Sie müssen darauf achten, dass Sie dieses Zahlenverhältnis einhalten. Wenn es Ihnen schwerfällt, den Atem sieben Sekunden lang anzuhalten, dann können Sie die Zählung einfach beschleunigen, sodass das Verhältnis zwischen den Zähleinheiten immer noch stimmt, das Anhalten des Atems aber keine vollen sieben Sekunden dauert. Nachdem Sie diese Atemübung eine Weile regelmäßig praktiziert haben, werden Sie in der Lage sein, sie anzupassen und zu verlangsamen.

Diese unglaubliche Atemtechnik funktioniert ähnlich wie ein Beruhigungsmittel. Doch im Gegensatz zu Beruhigungsmitteln nimmt die Wirksamkeit dieser Methode nur zu, je öfter Sie sie anwenden. Auch wenn es verlockend sein mag, die Übung für mehr als vier Atemzüge auf einmal durchzuführen, achten Sie darauf, dass Sie im ersten Monat immer eine Pause nach jedem Satz von vier Atemzügen machen. Nach dem ersten Monat können Sie auf acht Atemzüge erhöhen, auch wenn Sie sich dabei anfangs vielleicht etwas benommen fühlen.

Versuchen Sie, diese Technik täglich zu üben, am besten mindestens zweimal am Tag. Wenn Sie sich jemals in einer überwältigenden oder triggernden Situation befinden, werden Sie mit dieser Technik bereits vertraut und in der Lage sein, sie als Hilfe einzusetzen.

Das Zählen des Atems

Diese Methode eignet sich hervorragend, wenn Sie morgens vor der Arbeit, in der Mittagspause oder zwischen den Unterrichtsstunden Zeit zum Meditieren und Entspannen brauchen. Diese Übung ein paar Minuten lang durchzuführen, wird Ihren Geist klären und Ihnen jede Last, die Sie vielleicht tragen, erleichtern. Selbst wenn Sie sich nicht gestresst fühlen, werden Sie nach einer Runde Atemzählen erstaunt sein, wie effektiv diese Übung ist.

- Setzen Sie sich mit gerader Wirbelsäule an einen bequemen Platz und halten Sie den Kopf leicht nach vorne geneigt. Schließen Sie die Augen und atmen Sie ein paar Mal tief ein. Lassen Sie dann Ihre Atmung ganz natürlich fließen. Versuchen Sie nicht, sie zu beeinflussen.

Auch wenn die Atmung idealerweise ruhig und langsam sein sollte, kann der Rhythmus und die Tiefe von Person zu Person variieren.

- Nachdem Ihre Atmung natürlich geworden ist, zählen Sie beim Ausatmen „eins". Beim nächsten Ausatmen zählen Sie „zwei" und fahren mit diesem Muster fort, bis Sie fünf erreichen.

- Nachdem Sie fünf erreicht haben, beginnen Sie wieder bei eins und wiederholen diesen Zyklus so oft wie möglich. Es reicht, dies nur drei Minuten lang durchzuführen, doch besser sind zehn Minuten, da dies Ihrem Geist und Körper hilft, einen tieferen Zustand der Entspannung zu erreichen.

Wenn Sie bemerken, dass Sie höher als fünf zählen, wissen Sie, dass Sie im Geiste und mit Ihrer Aufmerksamkeit abgeschweift sind. Beginnen Sie einfach wieder bei eins und halten Sie den Atemzyklus von eins bis fünf aufrecht. Sie sollten sich weiterhin auf Ihre Atmung und das Zählen konzentrieren und auf nichts anderes.

Wenn wir Probleme haben, kann es schwierig sein, zu wissen, was zu tun ist, aber mit der alternativen Handlungsformel können wir das Problem leicht bearbeiten – wir wissen, wie wir mit den Auswirkungen umgehen und wie wir es bewältigen können.

- Beginnen Sie zunächst mit der Auflistung aller Schwierigkeiten oder Probleme, die Sie erleben.

Es folgt eine Auflistung Ihrer Schwachstellen bezüglich der Situation und Ihrer bekannten Trigger, die damit zu tun haben.

- Nachdem Sie Ihr Problem klar beschrieben und verstanden haben, warum Sie es erleben, können Sie beginnen, Strategien zur Bewältigung aufzulisten. Dies sind keine Lösungen für das Problem, das Sie haben, sondern sie eröffnen einen Weg, wie Sie lernen können, mit den Auswirkungen der vorübergehenden Beeinträchtigung durch das Problem umzugehen. Nachdem Sie Ihre Liste der Bewältigungsstrategien angefertigt haben, listen Sie deren Auswirkungen auf und wie Sie sich bei ihrer Anwendung fühlen. Sie sollten ihre Vor- und auch ihre Nachteile aufschreiben, sowohl kurzfristig als auch langfristig.

- Schreiben Sie abschließend auf, welche Maßnahmen Sie stattdessen ergreifen könnten, um das Problem zu lösen.

Ganz gleich, ob Sie mit einer Zwangsstörung, einer Essstörung, einer Depression oder Angstzuständen zu kämpfen haben, durch die Anwendung der alternativen Handlungsformel können Sie leicht Wege finden, Ihre Trigger zu bewältigen und besser damit umzugehen. Wenn Sie feststellen, dass Ihnen dies nicht beim ersten Mal hilft, bleiben Sie trotzdem am Ball. Manche Menschen brauchen vielleicht ein wenig Zeit, um Bewältigungsmechanismen zu finden, die funktionieren.

Die Funktionsanalyse ist eine beliebte und gut bekannte Technik innerhalb der kognitiven Verhaltenstherapie. Das liegt daran, dass sie vielen Menschen helfen kann, mehr über sich selbst zu erfahren. Wenn Sie mehr über Ihr spezifisches Verhalten wissen wollen und was es auslöst, dann kann diese Technik helfen.

- Um mit dieser Technik zu beginnen, teilen Sie ein Blatt Papier in drei Spalten auf. Schreiben Sie in die linke Spalte eine Liste mit allen Verhaltensweisen, die Sie analysieren möchten. Dies werden meist Verhaltensweisen sein, die potenziell problematisch sind.
- Schreiben Sie in der mittleren Spalte alle Faktoren auf, die zu dem fraglichen Verhalten geführt haben könnten. Diese Faktoren können entweder direkt oder indirekt zutreffen.
- Schreiben Sie in der Spalte ganz rechts auf der Seite alle Konsequenzen auf, die sich aus dem analysierten Verhalten ergeben. Obwohl „Konsequenzen" von Natur aus negativ klingen mag, muss es nicht so sein. In der Tat können einige der Konsequenzen durchaus positiv sein.

Sobald Sie die Funktionsanalyse abgeschlossen haben, werden Sie ein besseres Verständnis für Ihr Verhalten haben und wissen, ob es Ihnen hilft, Ihre Ziele zu erreichen. Sie werden feststellen, dass dies Ihnen mit jedem Aspekt Ihres Lebens helfen kann, da es sowohl Ihre psychische Gesundheit als auch Ihre Beziehungen verbessern kann.

Wir alle tragen wenig hilfreiche und ungesunde Überzeugungen über uns selbst und unsere Verhaltensweisen mit uns herum, niemand ist davor gefeit. Wir können unser eigener schlimmster Kritiker sein, aber zugleich auch völlig unwissend darüber, auf welche Weise wir uns verbessern können. Verhaltensexperimente sind ein gängiges Mittel in der kognitiven Verhaltenstherapie, da sie uns dazu bringen, unsere Gedanken und Verhaltensweisen zu hinterfragen und zu erkennen, ob sie wirklich hilfreich sind oder nicht.

Um diese Technik auszuprobieren, entscheiden Sie sich für ein Verhalten, das Sie analysieren möchten, und verpflichten Sie sich dann, sowohl dieses Verhalten als auch sein Gegenteil anzuwenden. Zum Beispiel könnten Sie denken, dass Sie fleißiger sind und sich besser konzentrieren können, wenn Sie sich selbst kritisieren.

Testen Sie daher zuerst sich selbst und beobachten Sie, wie Sie arbeiten, wenn Sie sich dabei selbst kritisieren. Versuchen Sie als Nächstes, freundlich zu sich selbst zu sein und schauen Sie, was Sie dann erreichen.

Nachdem Sie die Ergebnisse sowohl der Kritik als auch der Freundlichkeit sich selbst gegenüber aufgezeichnet haben, können Sie die beiden Erfahrungen vergleichen. So erhalten Sie einen unvoreingenommenen und ehrlichen Blick darauf, ob Ihre Meinung richtig oder falsch ist.

Fazit

Sie haben im Laufe dieses Buches viel gelernt, aber Sie sind nicht die einzige Person, die sich weiterentwickelt hat. Marie, Lydia und Sven haben alle auch ihre eigenen Fortschritte gemacht.

Marie befand sich ursprünglich in einem ständigen Zustand der Depression. Sie hatte Albträume, war tagsüber lustlos, unfähig, ihre geringe Energie in irgendetwas zu stecken, distanzierte sich von geliebten Menschen und hatte häufig Gedanken wie *„Alle werden sterben und mich zurücklassen"* und *„Was ist überhaupt der Sinn des Lebens?"* Es war nicht nur schmerzhaft für Marie, sondern auch für alle Menschen, die ihr wichtig waren, zu sehen, wie sie solchen Kummer durchmachte und nichts dagegen tun konnte.

Aber mit der Hilfe ihres Psychologen lernte Marie, Techniken der kognitiven Verhaltenstherapie wie das kognitive Modell, das tiefe Atmen und die Funktionsanalyse anzuwenden. Sie lernte sogar einige Techniken der dialektisch-behavioralen Therapie, um sich selbst und ihre Emotionen besser akzeptieren zu können.

Nach drei Monaten kognitiver Verhaltenstherapie geht es Marie viel besser und sie empfindet wieder Lebensfreude. Sie durchlebt zwar gelegentlich schwierige Momente, aber sie hat gelernt, die Mittel der KVT zu nutzen, um diese zu überstehen.

Nachdem sich Lydias Lebenstraum in einen Albtraum verwandelt hatte, gingen ihr die Möglichkeiten aus. Sie konnte nicht umziehen, weil ihr Mietvertrag eine Mindestmietdauer enthielt, aber sie litt täglich unter überwältigenden Angstattacken. Selbst wenn sie nicht direkt durch das Sehen oder Hören eines Hundes getriggert wurde, konnte sie schon bei dem bloßen Gedanken an einen Hund plötzlich Angstzustände bekommen.

Nachdem sie die Therapie begonnen hatte, lernte sie, dass sie ihren Stress stark reduzieren musste. Sie begann, Yoga zu machen, zu meditieren, Atemübungen zu machen, und sie wandte regelmäßig das kognitive Modell an. Die Veränderung kam zwar nicht über Nacht, aber sobald Lydia merkte, dass sie sich langsam besser fühlte, beschloss sie, sich ganz ihrer Gesundheit zu widmen. Sie wollte ihrem Geist und Körper ganzheitlich helfen, also begann sie sich gesund zu ernähren, eine bessere Schlafhygiene zu praktizieren und Sport zu treiben.

Da die Expositionstherapie anfangs nicht einfach war, arbeitete ihr Therapeut mit ihr in ihrem eigenen Tempo, damit sie sich so wohl wie möglich fühlen würde. Nachdem sie damit begonnen hatte, sich den Kontakt mit Hunden vorzustellen, schaffte Lydia es schließlich, große Hunde um sich zu haben, ohne dabei eine Angstattacke zu bekommen. Sie fühlte sich nicht wohl, aber sie hatte Vertrauen in die Mittel, die ihr Psychologe ihr an die Hand gegeben hatte. Indem sie sich selbst an diesen Punkt brachte, gewann sie Selbstvertrauen.

Obwohl es für Sven anfangs nicht einfach war, seine Vorstellung zu überwinden, dass Therapie nichts für Männer sei, lernte er bald all die Vorteile kennen, die sie zu bieten hat. Tatsächlich hat Sven durch die Therapie und seinen Psychologen so viel Hilfe erhalten, dass er jetzt ein überzeugter Befürworter ist und sie regelmäßig Menschen empfiehlt, die Probleme haben.

Es dauerte einige Zeit, bis Sven nüchtern wurde, aber mit der Hilfe seines Psychologen lernte er neue Bewältigungsmechanismen und auch, wie er Trigger vermeiden und wie er mit seinem Verlangen umgehen kann. Er ist sogar den Anonymen Alkoholikern beigetreten und hat dort neue Freunde gefunden, die seinen Weg verstehen, weil sie sich selbst auf einem ähnlichen Weg befinden.

Sven wendet zudem viele Techniken an, um seine Emotionen zu kontrollieren. Wenn er jetzt ängstliche Gedanken hat, beruhigt er seinen Geist, analysiert den Wahrheitsgehalt der Gedanken und kreiert einen neuen, ausgeglicheneren Gedanken, anstatt in diesem

Zustand zu verweilen. Er hat festgestellt, dass diese Praxis auch sein Temperament stark verbessert hat. Er geht jetzt seltener davon aus, dass andere ihn erniedrigen. Und wenn er anfängt, sich aufzuregen oder wütend zu werden, macht er Atemübungen, bevor er die Situation ruhig und rational analysiert.

Die Reise zur Veränderung ist zwar nicht einfach, aber sie ist möglich. Ursprünglich dachte Sven, dass er nur durch Perfektion glücklich werden würde, doch nun hat er gelernt, seine Unvollkommenheit zu akzeptieren, und macht trotzdem Fortschritte auf dem Weg zu seinem Ziel eines glücklichen Lebens ohne Alkohol und ohne unkontrollierbare Angst und Perfektionismus.

Sowohl die kognitive Verhaltenstherapie als auch die dialektisch-behaviorale Therapie haben viele Vorteile. Egal, ob Sie sich für eine der beiden oder für eine Kombination aus beiden entscheiden, Sie können damit zu Erfolg gelangen. Ganz gleich, ob Ihre Symptome leicht sind und Sie diese Reise allein antreten oder ob Ihr Zustand schwerer ist und Sie sich von einem geschulten Fachmann führen lassen, Sie können von der KVT profitieren.

Auch wenn Sie schon einmal eine KVT versucht haben und keine Verbesserung erzielt haben, heißt das nicht, dass Sie jetzt nichts verbessern können. Solange Sie bereit sind, sich Hilfe zu holen, ehrlich zu sich selbst zu sein und sich anzustrengen, können Sie sich das Leben erarbeiten, das Sie sich erhoffen. Wenn Sie einmal scheitern, können Sie es immer wieder versuchen. Wenn Sie feststellen, dass Sie sich bei einem bestimmten Psychologen nicht wohlfühlen, dann suchen Sie weiter in Ihrer Umgebung, bis Sie einen finden, bei dem Sie sich wohlfühlen. Sie können sogar einen ausgebildeten Psychologen oder Therapeuten für eine Online-Therapie finden.

Es gibt keinen Grund, ein Leben weiterzuleben, in dem Sie leiden oder unglücklich sind. Sie haben Zugang zu allen Mitteln, die Sie benötigen, um Ihren Traum von einem glücklichen Leben zu verwirklichen. Danke, dass Sie dieses Buch gelesen haben. Ich hoffe, dass Sie gelernt haben, sich selbst zu verzeihen, nach vorne zu streben und Unterstützung durch die Menschen um Sie herum zu finden.

Quellen und weiterführende Literatur

Kognitive Verhaltenstherapie

Beck, J. S. (2013). *Praxis der Kognitiven Verhaltenstherapie.* Beltz Verlag.

Einsle, F. & Hummel, K. V. (2015). *Kognitive Umstrukturierung.* Psychologie Verlagsunion.

Hautzinger, M. (2011). *Kognitive Verhaltenstherapie.* Beltz Verlag.

Hautzinger, M. (2021). *Kognitive Verhaltenstherapie bei Depressionen: Mit E-Book inside und Arbeitsmaterial* (8., überarbeitete Aufl.). Beltz.

Manning, J., Ridgeway, N. & Lechtermann, K. (2017). *ARBEITSBLÄTTER FÜR Die KOGNITIVE VERHALTENSTHERAPIE.* Van Haren Publishing.

Willson, R. & B. (2017). *Kognitive Verhaltenstherapie für Dummies* (3. aktualisierte Aufl.). Wiley-VCH.

Dialektisch-Behaviorale Therapie

Bohus, M. & Wolf-Arehult, M. (2018b). *Interaktives Skillstraining für Borderline-Patienten: Das Therapeutenmanual - Inklusive Keycard zur Programmfreischaltung - Akkreditiert vom Deutschen Dachverband DBT* (1. Nachdruck 2018 der 3., korrigierten und überarbeiteten Aufl. 2013 Aufl.). Schattauer.

Corso, D. & Beifuss, K. (2018). *Stärker als Borderline: Wie du mit DBT dein Gefühlschaos kontrollieren kannst* (1. Aufl.). Verlag Herder.

Linehan, M. M. (2008). *Dialektisch-Behaviorale Therapie (DBT) der Borderline-Persönlichkeitsstörung: DBT Therapiebuch (CIP-Medien)*. Psychosozial-Verlag.

Stiglmayr, C. & Gunia, H. (2016). *Dialektisch-Behaviorale Therapie (DBT) zur Behandlung der Borderline-Persönlichkeitsstörung: Ein Manual für die ambulante Therapie (Therapeutische Praxis)* (1. Auflage 2017 Aufl.). Hogrefe Verlag.

Stiglmayr, C. & Leihener, F. (2015) *Fallbuch DBT.* Psychologie Verlagsunion.

www.ingramcontent.com/pod-product-compliance
Lightning Source LLC
Chambersburg PA
CBHW071155120626
46546CB00006B/2272